**시간여행TV의
만화로 배우는 주식투자 ①**

차례

005

021

037

055

069

083

097

117

143

163

181

201

217

231

247

261

287

307

329

343

01. 주식이란 무엇이고 왜 공부해야 할까?

02. 수요와 공급의 의미

03. 거래량의 의미

04. 시장 가격의 결정

05. 주식시장의 기초

06. 좋은 주식의 조건

07. 주식투자에 영향을 미치는 심리적인 요인

08. 보통주와 우선주의 차이

09. 품절주의 의미

10. 재직자의 평가는 주가와 무관하다

11. 주식투자를 하면서 조심해야 할 점(1)

12. 주식투자를 하면서 주의해야 할 점(2)

13. 테마란 무엇이며 어떻게 만들어지는가?

14. 정치 테마주 (인맥주)

15. 정치 테마주 (정책주)

16. 경영권 분쟁이란 무엇인가?

17. 경영권 분쟁의 끝 (재료소멸)

18. 차트란 무엇이고 어떻게 활용할까?

19. 저평가된 종목을 발굴하자!

20. 고평가된 종목을 피하자!

시간여행TV

〈만화로 배우는 주식투자〉의 주인공인 고양이. 주식 투자에 많은 정보를 갖고 있으며 주식 강의를 담당하고 있어서 학생들에겐 선생님으로 불리고 있다. 박스를 좋아한다.

주린이

부자가 되고 싶다는 꿈으로 주식에 관심을 갖기 시작했다. 어린 나이지만 주식 공부에 열정적이며 항상 메모하는 습관을 지니고 있다. 하지만 아직은 어려운 내용, 모르는 용어가 많다고 느끼고 있다.

최지수

K대를 다니는 성실하고 똑똑한 대학생. 임제니와는 고등학교 동창이다. 취업만 신경 쓰면 되는 줄 알았던 과거와 다르게 대학생에게도 주식공부가 필요하다는 것을 느끼고 강의를 듣고 있다.

임제니

최지수와 함께 주식강의를 듣는 Y대 대학생. 고등학생때는 학생회장을 했으며 주변에는 친구가 많다. 매사에 활발한 성격을 갖고 있어 주식투자에도 적극적이다. 하지만 그녀의 수익률은…

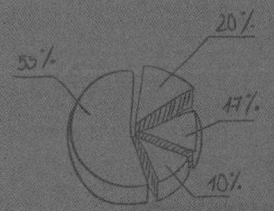

01

주식이란 무엇이고
왜 공부해야 할까?

집안에서 흔히 볼 수 있는 상황입니다. 하지만 정말 공부만 열심히 하면 부자가 될 수 있을까요?

과거에는 좋은 학교를 졸업하고

대기업에 취직한 다음 직장에서 능력을 인정받는 것을 사회적 성공으로 여겼습니다.

하지만 지금은 아닙니다.
아무리 좋은 학교를 졸업해
돈을 잘 버는 직업을 가져도

근로소득만으로는 서울에 있는 아파트
한 채를 사기가 어려운 시대입니다.

따라서 재테크를 통해
돈을 굴리는 방법을
알아야 하는데
학교나 사회에서는
이를 가르쳐주지 않습니다.

자유경쟁이 가능한 자본주의 체제에서 주식회사들은 서로 경쟁을 하며 돈을 법니다.

주식회사를 이루는 단위를 주식이라고 하며 주식을 보유한 사람을 주주라고 합니다.

주식회사는 벌어들인 수익을 주주총회를 통해 나눠주는데, 이를 배당이라고 합니다.

장사를 잘하는 기업은 이론상 많은 돈을 나눠줄 수 있기에 주주들이 행복하지만

장사를 못하는 기업은 나눠줄 수 있는 돈이 없거나 적기에 주주들이 회사에 대해 불만을 가집니다.

주식회사의 현재 주가는 투자자들이 생각하는 회사의 현재 가치를 의미합니다.

따라서 현재보다 더 성장할 수 있는 기업의 주식을 미리 사야만 미래에 더 비싼 가격에 주식을 팔 수 있습니다.

주식은 위험하지 않나요? 부모님이 주식은 절대 하지 말라고 하셨어요!

하지만 서울의 아파트 가격은 최근 3년 동안 평균 25.58% 상승했어요.

아파트 뿐 아니라 물가상승률을 고려해도 은행에 예금하는 것은 사실상 손해라고 할 수 있습니다.

다시 말해서 주식투자는 위험하지만, 아무런 투자도 하지 않는 것이 더 위험하다고 볼 수 있죠.

주식투자 말고 다른 투자 수단도 있지 않나요? 부동산이라던가?

부동산과 달리 주식은 소액으로 누구나 쉽게 시작할 수 있다는 장점이 있습니다.

미성년자가 주식계좌 개설을 하기 위해서는 부모님과 함께 증권사에 방문해야 합니다.

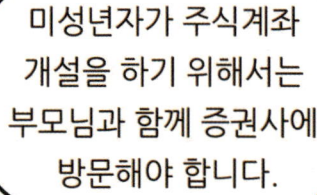

저는 부모님의 권유로 14살에 주식을 처음 시작했습니다.

이 고양이 몇 살이야

이 책을 보고 계시는 부모님이 있다면 자녀를 위해 주식계좌를 선물하는 건 어떨까요?

✓ **CHECK POINT**

안녕하세요. 만나서 반갑습니다. 책의 저자 시간 여행 TV입니다.

여러분은 부자가 되는 방법이 무엇이라고 생각하십니까?

대부분의 부모는 자녀에게 공부를 열심히 해서 명문대를 진학한다면 부자가 될 수 있다고 가르칩니다. 하지만 이는 사실이 아닙니다. 물론, 아이를 속일 의도는 없을 것입니다. 하지만, 대부분의 부모는 부자가 되는 방법을 모르는 것이 현실입니다. 근로소득으로 부자가 될 수 있는 시대는 지났습니다. 부자가 되고 싶다면 올바른 재테크 방법에 대해서 알아야 합니다. 이 책에서는 가장 쉬운 재테크 수단인 주식투자에 대해 만화로 직관적이고 재미있게 배울 수 있습니다.

요즘 초등학생들의 장래 희망 1순위가 건물주라고 합니다. 하지만 열심히 노력해도 건물은커녕 서울에 아파트 한 채를 마련하기도 힘든 것이 현실입니다. 통계에 따르면 서울 아파트의 평균 가격은 지난 2017년부터 2020년까지 약 6억이 상승했다고 합니다. 지속적인 부동산 가격의 상승으로 서울 강북의 신축 아파트 값은 15억을 돌파하였습니다. 아무리 열심히 일해도 근로소득만으로는 서울의 아파트를 사기 힘든 시대가 왔습니다.

많은 사람들이 주식투자는 위험하다고 생각하지만, 아무런 투자도 하지 않는 것이 더 위험합니다. 이 책을 보고 계신 분들 중에서 아직도 주식계좌가 없으신 분들은 지금이라도 주식 계좌를 개설하시길 바랍니다.

02

수요와 공급의 의미

그만 올라...

그러면 마스크 가격은 무한히 오르는 건가요?

그렇지 않습니다. 마스크는 재난 상황에서의 필수품이기 때문에 대부분 국가에서는 국민이 안정된 가격에 마스크를 살 수 있도록 공적 마스크 제도를 시행하고 있습니다.

공적 공급 마스크

정부가 마스크 가격에 개입하는 것은 자유시장의 원칙에 어긋나지 않나요?

A 게임회사의 신작으로 인하여 실적이 좋아질 것이라는 기대감을 하는 사람이 많아진다면 주가 상승으로 이어질 수 있습니다.

반대로 A 게임회사의 신작을 기대하던 사람들이 실제로 게임을 해본 뒤 실망한다면 주가 하락으로 이어질 수 있습니다.

아하~

정부가 주식시장에 개입하는 경우는 없나요?

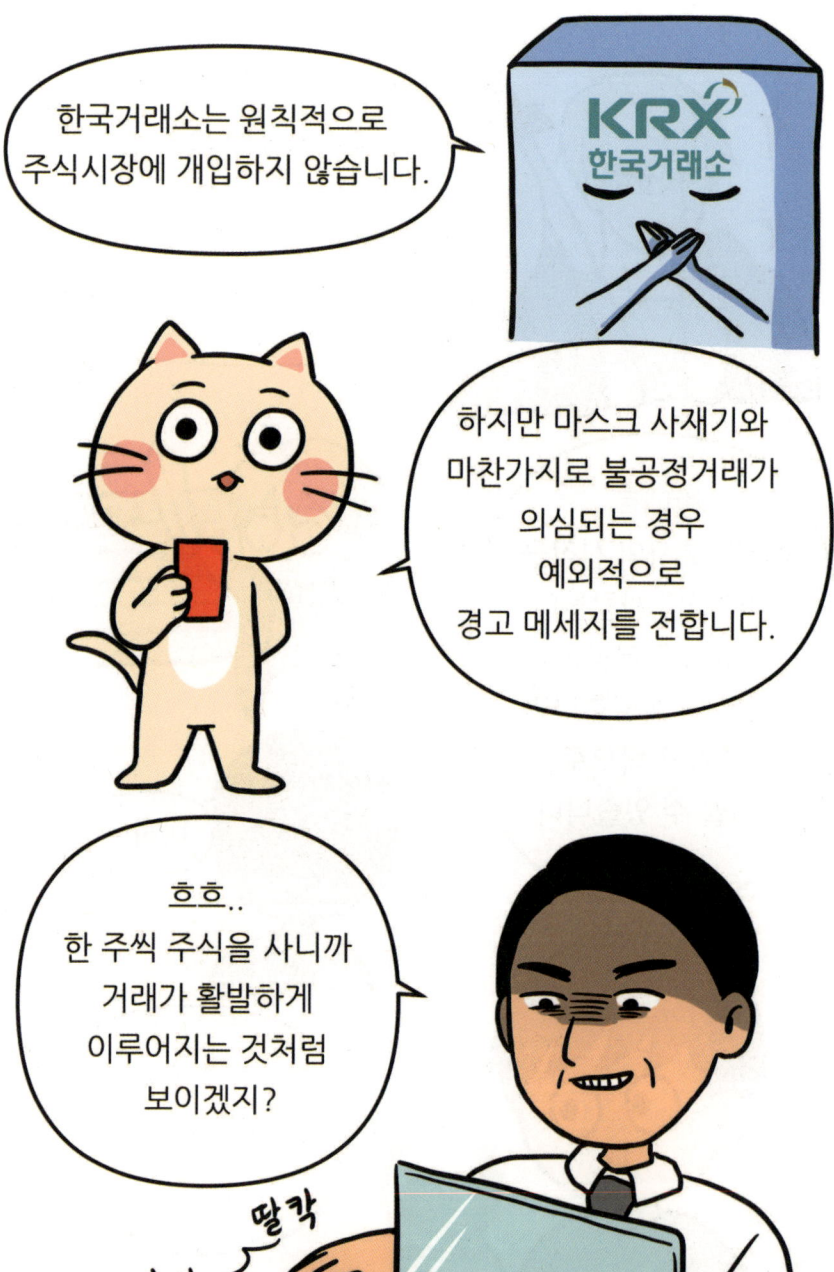

✓ CHECK POINT

수요는 어떤 재화를 일정한 기간에 얼마나 많이 구매할 의향이 있는가를 나타냅니다. 공급은 어떤 재화를 판매하고자 하는 욕구나 계획을 의미합니다. 주식시장에서 주식의 가격은 특정 주체가 정해주는 것이 아닌 매수 희망자와 매도 희망자의 합의가 이루어지는 가격에서 형성됩니다. (수요 곡선과 공급 곡선이 만나는 지점)

만약 기업에 호재성 뉴스가 나온다면 매수 수요가 늘어나 주가는 상승할 것입니다. 하지만 주가가 무한히 상승할 수 있는 것은 아닙니다. 주가가 상승하고 거래량이 발생함에 따라 높은 가격에 주식을 매도하여 차익을 실현하려는 매도 수요(공급)도 늘어날 것입니다. 이 경우, 주가는 조정을 받아서 상승을 멈추게 됩니다.

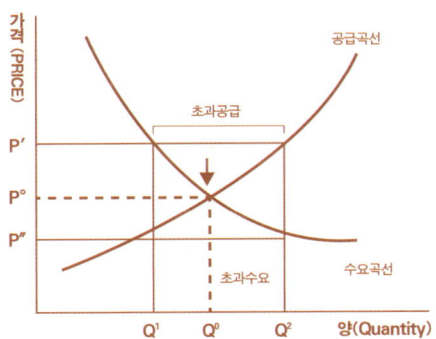

정상적인 수요와 공급에 의해서 가격이 형성되는 것이 아니라 부당하고 불공정한 방법에 의해서 가격이 결정되는 거래를 '불공정거래'라고 합니다. 주식투자 시에 일어날 수 있는 3대 불공정거래행위에는 미공개 정보 이용, 시세조종, 부정행위가 있습니다.

첫 번째로 미공개 정보 이용은 회사와 관련된 유리한 정보를 미리 알고 이를 매매에 활용하여 수익을 내거나 손실을 회피하는 행위를 의미합니다. 이는 다수의 투자자들에게 피해를 주며 주식 거래에 대한 신뢰를 깨는 행동입니다.

두 번째로 시세조종은 이득을 얻기 위해 조직적으로 역할을 분담하여 주가를 상승시킴으로써 투자자들에게 피해를 주는 행위를 의미합니다.

세 번째로 부정행위는 시세의 변동을 도모할 목적으로 풍문을 유포하는 행위를 의미합니다.

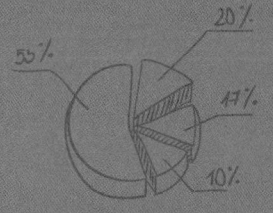

03

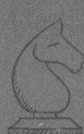

거래량의 의미

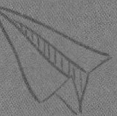

사과 가격은 어떻게 변할까요?

저는 사과를 안 좋아해서 관심이 없어요.

힌트를 드리죠! 자유시장에서 가격은 수요와 공급이 일치하는 지점에서 형성된다고 지난 시간에 설명했습니다.

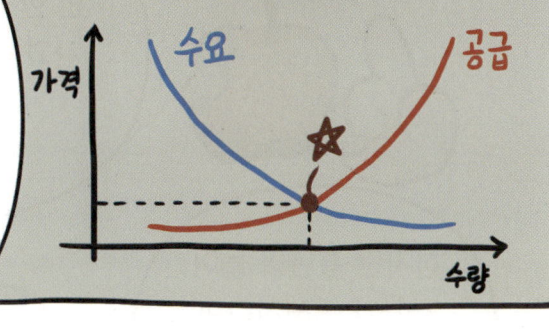

사과 가격은 올라가요! 왜냐하면 흉년으로 인하여 사과가 공급될 수 없는 상황이기 때문이에요.

딩동댕~♪ 정답입니다. 아주 잘했어요.

오늘 1만 원에 거래된 사과는 단 한 개입니다. 따라서 제가 사과를 비싸게 샀다고 해서 모든 사과의 가격이 오른 건 아닙니다.

하지만 흉년이 들어 사과가 귀해진다면 1만원에 거래되는 사과의 양이 늘어날 것입니다.

이 경우 사과의 가격은 1만원에 근접하게 됩니다.

✓ CHECK POINT

"거래량은 거짓말을 하지 않는다."라는 말을 들어 보신 적이 있으신가요? 자전거래와 통정거래를 통해서 거래량을 인위적으로 증가시킬 수는 있으나 이는 불공정거래에 해당되며, 거래량을 인위적으로 감소시킬 방법은 없으니 거래량이 가장 정직한 보조지표라고 주장하는 사람들이 있습니다.

주식투자에는 정해진 정답이 없기에 '거래량'이라는 보조지표를 통해서 정답을 찾으려는 시도가 나쁘다고 할 수는 없습니다. 하지만 보조지표는 주식투자를 위한 보조적인 수단에 불과하다는 것이 제 생각입니다.

예를 들어, 운동을 하면서 보충제를 섭취하는 것은 몸을 만드는데 큰 도움이 될 수 있습니다. 하지만 보충제만 먹는다고 몸이 만들어지는 것은 아닙니다.

따라서 거래량이라는 보조지표에 주식시장의 모든 정답이 있는 것처럼 큰 의미를 부여하는 것은 적절하지 않다고 생각합니다. 그렇다면 거래량을 어떻게 해석해야 하는지에 대해서 알아봅시다.

주식시장에서의 거래량은 특정 가격대가 해당 종목의 주가로 적정하다는 투자자의 의사를 반영합니다. 모든 거래는 매수자와 매도자의 의견이 일치할 때만 체결됩니다.

첫째, 만약 특정 회사의 주가가 크게 변하지 않은 상황에서 거래량만 크게 증가했다면 현재 거래되고 있는 가격이 적정가라고 판단하는 투자자들이 많다고 해석할 수 있습니다.

둘째, 적은 거래량에 의해서 주가가 단기간에 크게 급등하였다면 2가지 상황으로 해석할 수 있습니다. 첫 번째는 호재성 뉴스로 인해서 주가가 상승하였으며 매도를 희망하는 투자자들이 없는 상황입니다. 두 번째는 만화에서 주인공이 사과를 시장 가격보다 비싸게 산 것과 유사한 상황입니다. 이 경우 상승은 일시적이며 주가는 원래대로 돌아갑니다.

셋째, 많은 거래량에 의해서 주가가 단기간에 크게 급등하였다면 주가가 안정적으로 상승했다고 해석할 수 있습니다. 하지만 이러한 심리를 역이용하여 자전거래 및 통정거래로 거래량을 인위적으로 조작하는 작전세력도 존재하므로 조심해야 합니다.

넷째, 적은 거래량에 의해서 주가가 단기간에 크게 급락하였지만 회사 내부에 아무런 악재가 없는 경우 주가는 이내 반등하는 경우가 대부분입니다. 이는 주로 주가지수가 크게 하락하였다가 반등하는 과정에서 나타납니다.

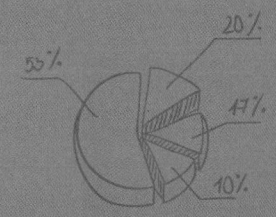

04

시장 가격의 결정

그 이유는 준결승전의 승자는 결승전에 진출하기 때문입니다.

하지만 3,4위전의 승자는 결승전에 진출하지 못합니다.

일반적으로 3,4위전 티켓의 수요는 준결승전 티켓의 수요보다 적기에 가격이 싸군요?

네 맞습니다.

하지만 2002년 월드컵 당시에는 암표상을 통해 3,4위전 티켓이 준결승전 티켓보다 비싸게 거래되었죠.

엥 진짜요? 어떻게 그런 일이 가능한가요?

오잉?

당시의 저도 그 이유를 이해하기 어려웠습니다.

없어서 못파는 티켓

당시에는 두 번 다시 한국에서 월드컵이 개최되는 것을 볼 수 없을 거라고 생각하는 사람이 많았습니다.

따라서 3,4위전이 한국에서 진행되는 우리 대표팀의 마지막 월드컵 경기라는 인식이 있었습니다.

많은 사람들이 우리 대표팀의 마지막 월드컵 경기를 관람하고 싶어했기에 3,4위전 티켓의 수요가 급증했죠.

그럼에도 불구하고 투자자들이 이 회사의 주식을 지속적으로 매수하면서 주가가 천 원에서 5만 원까지 상승합니다.

우와! 50배 상승!

하지만 수요의 증가로 인해 상승이 나오더라도 장기적으로는 주가가 회사의 원래 가치에 수렴하게 됩니다.

메모..

✓ **CHECK POINT**

우리나라에서는 소고기가 돼지고기보다 비쌉니다. 하지만 일부 추운 나라에서는 돼지고기가 소고기보다 비쌉니다. 그 이유는 돼지가 추위에 약하기 때문에 돼지를 사육하기 위해서는 비용이 많이 들기 때문입니다. 이를 통해 재화의 가치는 고정된 것이 아니라 상황에 따라 변한다는 것을 알 수 있습니다.

주식시장에서의 주가 역시 수요와 공급에 따라 유동적입니다. 만약 특정 종목에서 누군가가 수요를 인위적으로 증가시키고 공급을 줄인다면 수요-공급의 법칙에 의해 주가는 상승할 것입니다. 이러한 인위적인 시세조종을 주가조작 혹은 작전이라고 합니다.

만화에서도 짧게 언급된 '루보사태'는 대표적인 작전의 예시입니다. 루보라는 베어링을 만드는 기업의 주가는 작전세력에 의해 아무런 이유 없이 1,000원 부근에서 51,400원까지 상승하게 됩니다. 하지만 검찰이 본격적으로 수사에 들어감에 따라 주가는 11거래일 연속 하한가를 기록하게 됩니다.

수요와 공급의 왜곡에 의해서 주가가 일시적으로 상승하더라도 주가는 시간이 지나면서 회사의 실제 가치에 수렴한다는 것을 알 수 있습니다. 따라서 단기간에 급등한 회사의 주식을 매수하는 것은 좋은 투자 전략이 아닙니다. 시간이 다소 걸리더라도 추후 많은 투자자들의 관심을 받아 상승할 수 있는 회사의 주식을 매수해야 합니다.

05

주식시장의 기초

이번에 oo제약에서 코로나 치료제를 개발한다는데?

오호..

나도 좋은 정보 하나 공유할게. △△전기의 사외이사가 대통령 동생의 친구라는데??

메모..

✓ CHECK POINT

대부분의 투자자들은 그들이 가진 정보에 의해 주식시장에서의 승패가 결정된다고 착각합니다. 그들은 이러한 정보의 격차를 극복하기 위해 주식카페에 가입하거나 단체 채팅방에 입장합니다. 하지만 여기서 공유되는 정보들은 대부분 가치가 없는 정보에 불과합니다.

주식시장은 하나의 전쟁터와 같습니다. 전쟁터에서는 아무도 여러분을 위해 대신 싸워주지 않습니다. 따라서 타인을 신뢰해서는 안 됩니다. 투자와 관련된 모든 판단은 직접 내리시기를 권장 드립니다. 타인의 추천을 받아 매수한 종목에서 손실이 발생할 경우 심리적으로 더욱 불안정하여 제대로 된 대응을 하기가 힘들 수 있습니다.

주식시장에서는 수십 번의 수익을 내더라도 한 번의 큰 손실로 인해서 모든 것을 잃을 수 있습니다. 따라서 모든 매매는 본인의 판단에 의해서 신중하게 이루어져야 합니다.

여러분들이 보유 중인 종목의 종목토론실에서 다른 사람의 의견을 참고할 필요가 없습니다. 마찬가지로, 손실 중인 종목과 관련해서 다른 사람에게 '손절'여부를 상담 받을 필요가 없습니다. 주가는 투표와 다르게 다수결의 영역이 아닙니다. 다수의 투자자들과 대립하더라도 본인이 옳다고 생각하는 방향으로 소신 있게 투자하는 것이 중요합니다.

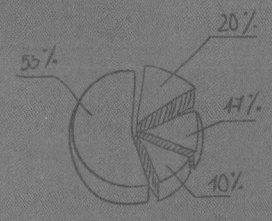

06

좋은 주식의 조건

배당을 지급하지 않는 회사는 주주들을 생각하지 않는 회사인가요?

아닙니다.
회사가 적자를 기록하거나 미래 사업을 위하여 자금이 필요하다면 배당을 하지 않을수도 있습니다.

회사가 주주들에게 선물을 주는 방법에는 배당만 있는 것이 아닙니다.

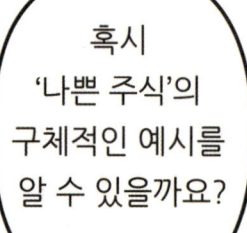

혹시 '나쁜 주식'의 구체적인 예시를 알 수 있을까요?

어려워잉..

좋다와 나쁘다의 기준은 절대적이지 않습니다. 상황에 따라 바뀔 수 있어요.

코로나-19로 인하여 항공회사들은 큰 적자를 보고 있습니다.

해외여행 가고 싶어...

✓ **CHECK POINT**

투자자들은 자신이 고객으로 있는 회사를 고평가하는 경향이 있습니다. 교촌치킨을 좋아하는 사람이 교촌에프엔비를 좋은 주식이라고 생각하여 매수하거나 블랙핑크의 팬이 와이지엔터테인먼트를 좋은 주식이라고 생각하여 매수하는 경우입니다.

이러한 접근법은 굉장히 직관적이지만 근거가 없는 투자방법입니다. 주가는 설문조사의 결과물이 아닙니다. 우리는 인지도가 없는 회사나 이미지가 좋지 않은 회사의 주가가 크게 상승하는 사례를 통해 회사의 이미지와 주가는 큰 상관관계가 없다는 것을 알 수 있습니다.

그렇다면 좋은 주식이란 무엇일까요? 현금 창출능력이 뛰어나고 막대한 자산을 보유하고 있는 회사의 주식이 좋은 주식일까요? 반은 맞고 반은 틀립니다.

기업이 아무리 돈을 잘 벌고 많은 자산을 보유하고 있더라도 회사의 임직원들에게만 수백억의 연봉을 지급하고 주주들에게 배당하지 않으면 좋은 주식이라고 할 수 없습니다. 미래가 밝은 사업을 잘 운영하는 것뿐만 아니라, 사업 성과를 적극적으로 주주들과 나누는 회사의 주식이 좋은 주식입니다.

주주환원정책에는 배당만 있는 것이 아닙니다. 자사주 매입과 무상증자, 그리고 액면분할을 통해서도 주주 가치를 제고할 수 있습니다. 자사주 매입이란 회사의 자금으로 회사의 주식을 매입하는 것을 의미합니다. 이는 유통 주식수를 감소시켜 주주들이 가진 주식의 가치를 상승시킵니다. 무상증자란 증자를 하여 발행된 주식을 주주들에게 무상으로 나눠주는 것을 의미합니다. 액면분할이란 액면가액을 일정한 비율로 나누어 주식의 발행 수를 증가시키는 것을 의미합니다.

07

주식투자에 영향을 미치는 심리적인 요인

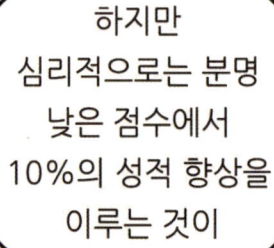

(2020년 10월 8일 기준) 삼성전자의 시가총액이 356조라는 것을 감안하면 시가총액 700억 미만의 회사들은 굉장히 작은 회사입니다.

성적 향상이 필요한 두 학생의 사례에서도 알 수 있었지만

숫자가 작을수록 상승에 대한 심리적인 저항이 작아집니다.

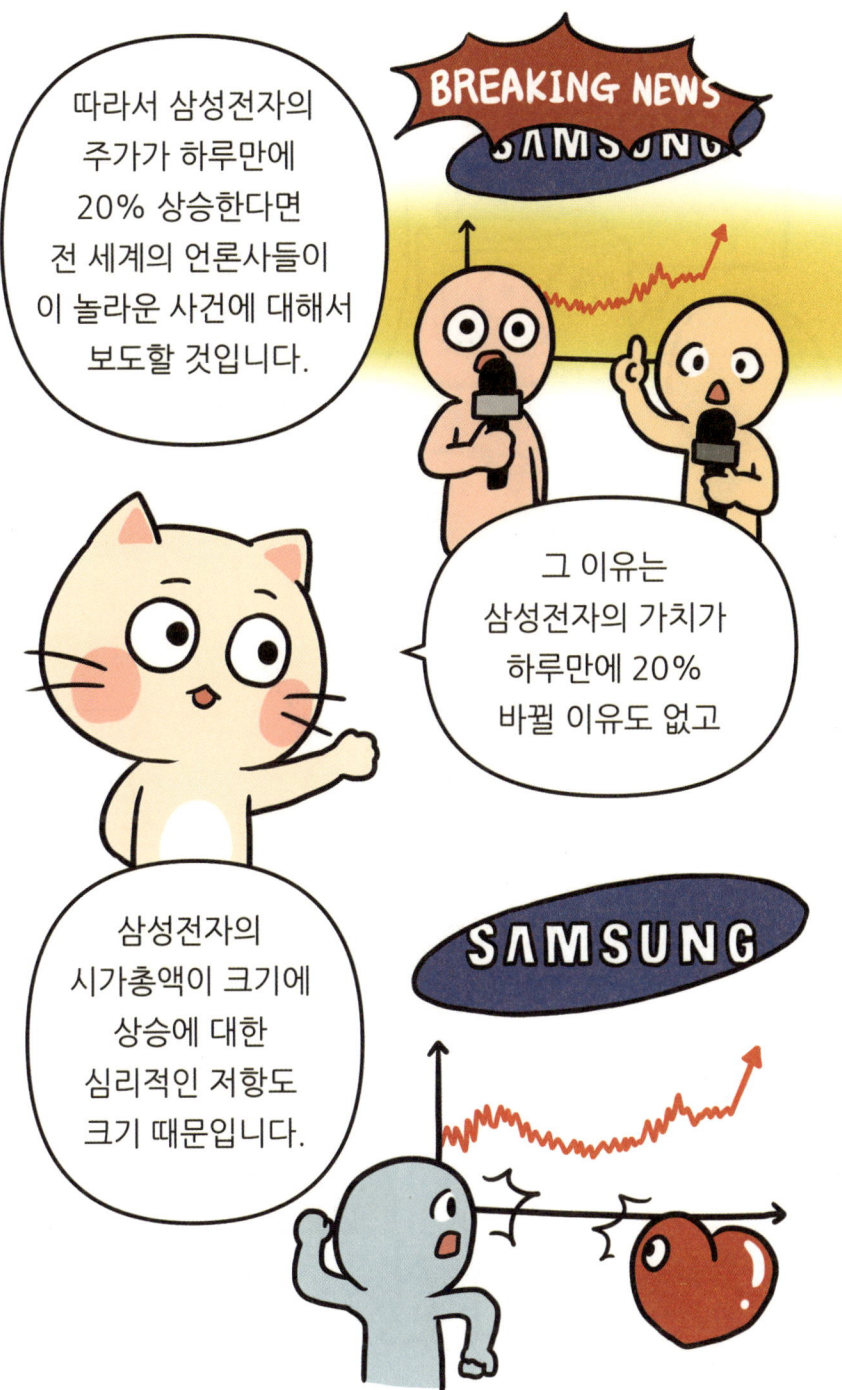

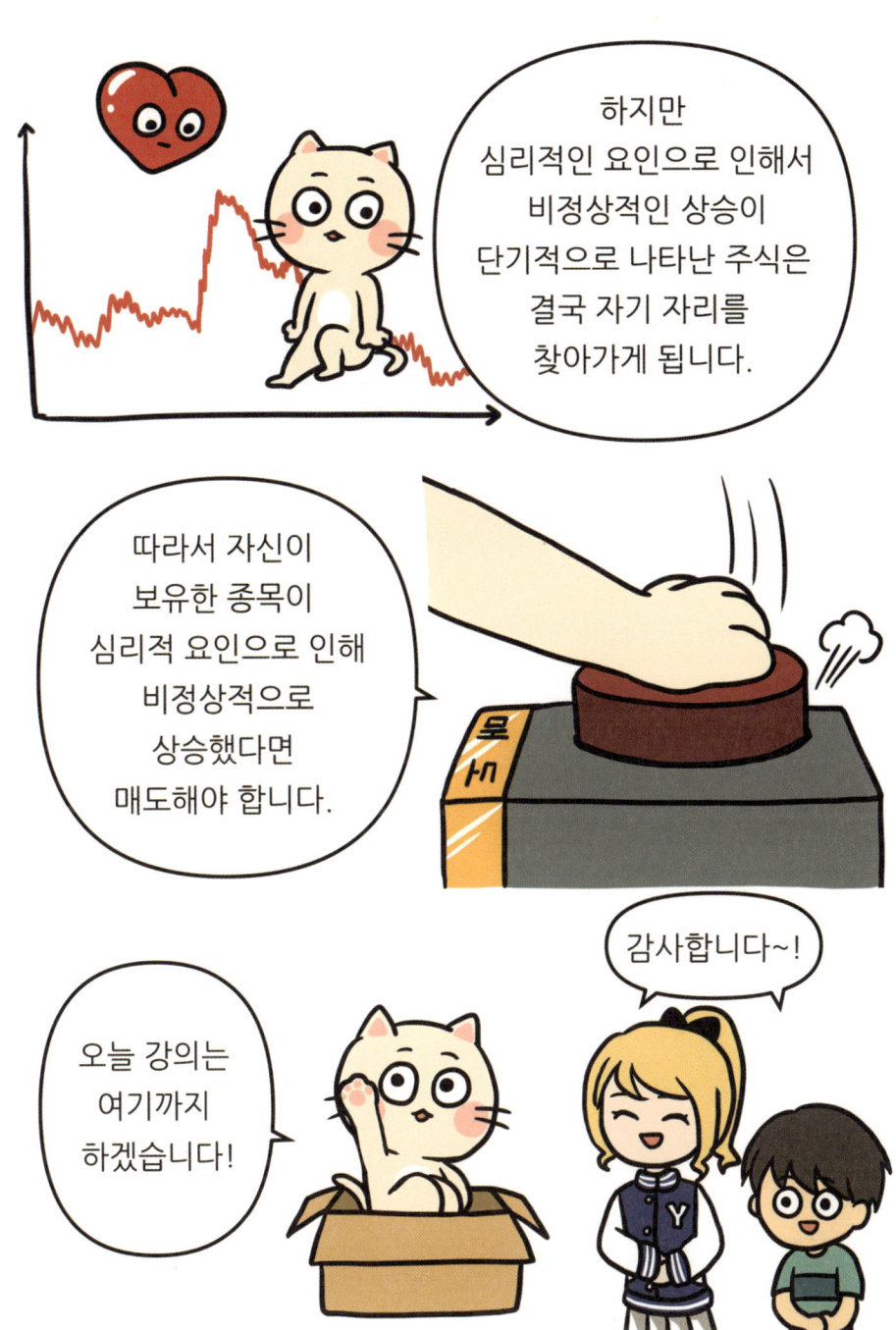

✓ CHECK POINT

삼성전자의 주가가 하루에 20% 상승하기는 쉽지 않습니다. 하지만 시가총액이 낮은 소형주에서는 주가가 하루에 20% 상승하는 사례가 종종 발생합니다. 만화에서는 성적 향상을 예시로 심리적 저항에 대한 개념을 설명하였습니다.

위와 같은 사례처럼 심리적 요인이 주식시장에 영향을 미치는 경우도 있지만, 회사의 이름이 비슷하다는 이유로 주가에 영향을 미치는 사례도 있습니다. '두올산업'과 '두올'은 전혀 다른 회사입니다. 하지만 두 회사의 이름이 비슷하다는 이유로 투자자들은 서로 연관성이 있는 회사라고 착각합니다. 때문에, 두올산업의 주가가 상승하면 두올 주식의 매수가 증가하기도 합니다.

시장참여자들은 이성적이지 않거나 합리적이지 못한 판단을 종종합니다. 하지만 비정상적인 상승이 발생할 경우 주가는 이내 자기 자리를 찾아갑니다. 따라서 본인이 보유하고 있는 종목이 이유 없이 상승을 기록하고 있다면 일단은 매도를 하는 것이 바람직합니다.

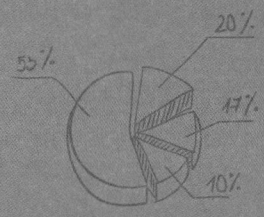

08

보통주와 우선주의 차이

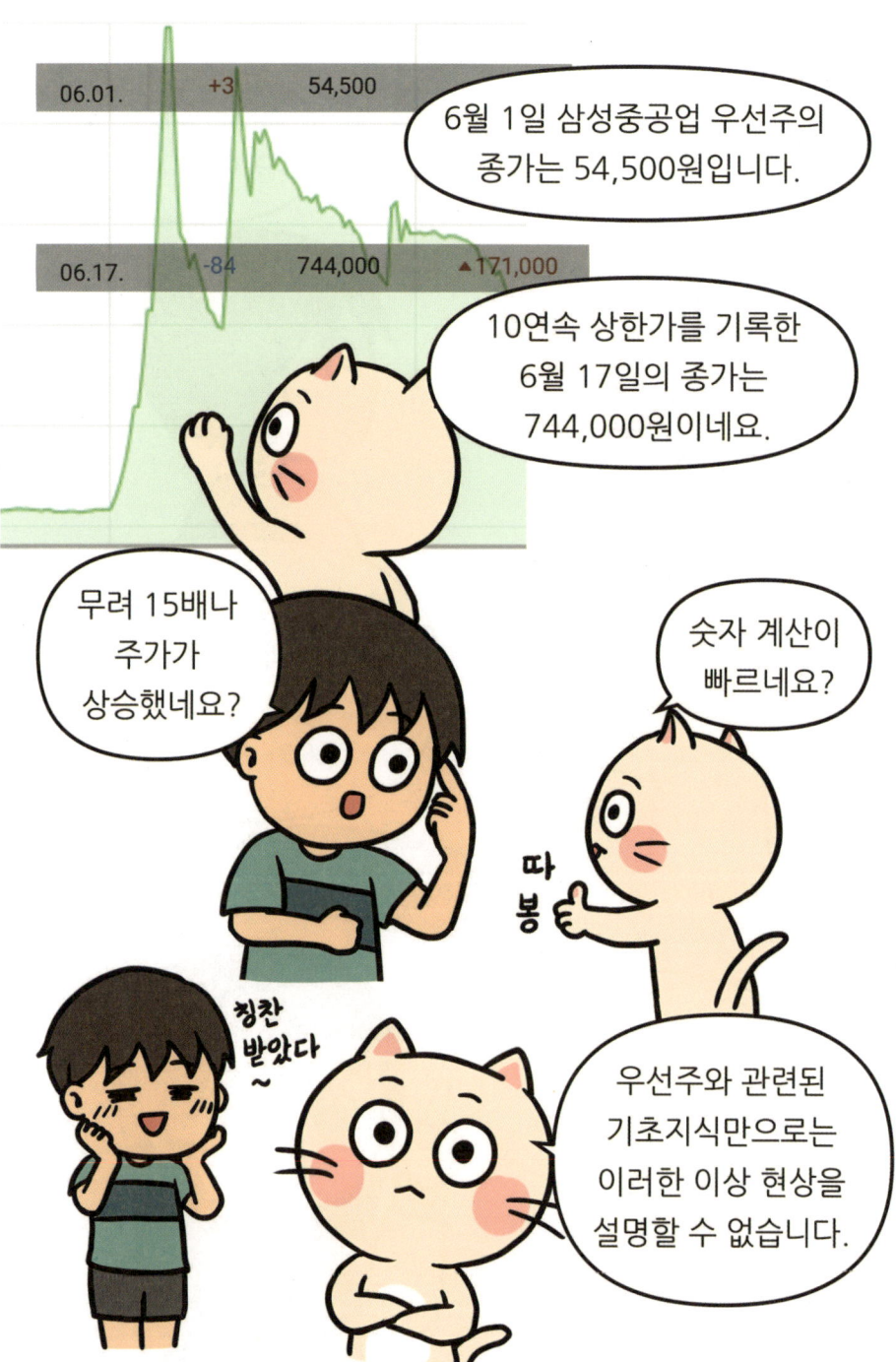

그 이유는 시장에 존재하는 우선주의 수가 줄어들면서 남아있는 우선주의 가치가 커졌기 때문입니다.

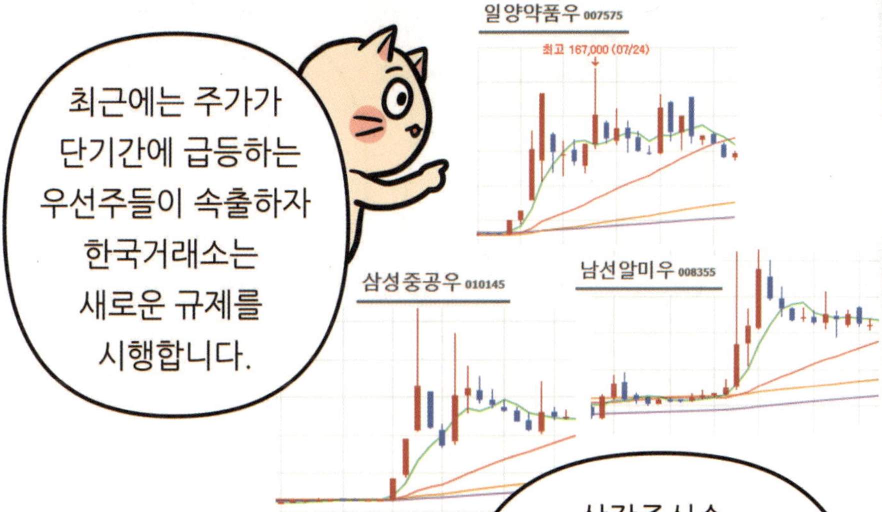

최근에는 주가가 단기간에 급등하는 우선주들이 속출하자 한국거래소는 새로운 규제를 시행합니다.

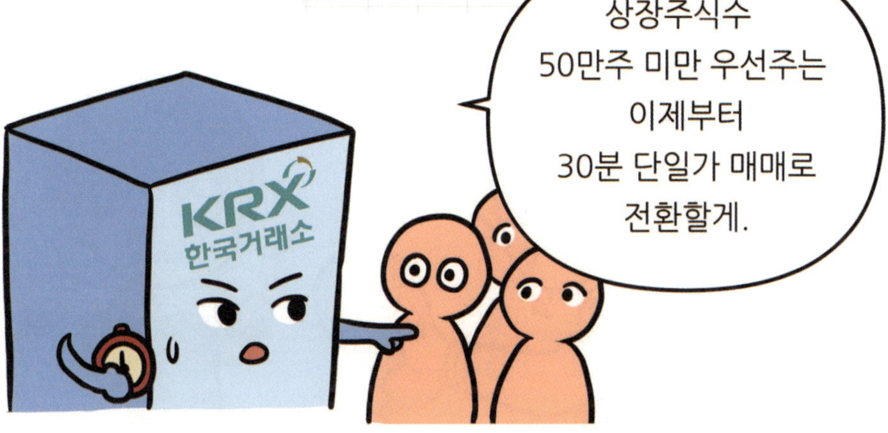

상장주식수 50만주 미만 우선주는 이제부터 30분 단일가 매매로 전환할게.

> ✓ CHECK POINT

'주식환불'이라고 들어보셨나요? 매수한 주식이 하락하자 한 투자자가 환불할 방법이 없는지 증권사 측에 문의하였다는 기사가 화제가 되고 있습니다. 옷을 잘못 구매하였다면 환불을 받으면 되고, 시험 결과가 나쁘다면 다음 기회에 다시 보면 됩니다. 하지만 주식 매수를 한 번 잘못한다면 주식시장에서 영구적으로 퇴출 당할 수 있습니다.

이번 챕터에서는 우선주 테마에 대해서 다룹니다. 우선주 테마는 비교적 작은 소식으로도 주가가 크게 상승하는 강력한 테마 중 하나입니다. "산이 높을수록 골이 깊다"라는 말이 있습니다. 기대할 수 있는 수익이 크다는 것은 리스크도 크다는 의미이기에 투자자들에게 각별한 주의를 요합니다.

주식에는 보통주와 우선주가 존재합니다. 우선주는 보통주와 다르게 이름의 끝에 '우' 또는 '2우B'가 옵니다. 뒤에 알파벳이 오는 우선주들은 신형우선주로 최저배당을 보장한다는 의미입니다.

우선주는 주주총회에서 의결권을 행사할 수 없지만 보통주보다 배당금을 많이 지급받는다는 장점을 가지고 있습니다. 대부분의 주식 책에서는 우선주에 대한 설명이 이 정도 선에서 끝납니다. 하지만 이 정도 내용만으로는 우선주들이 테마를 이루어 주기적으로 상한가를 기록하는 현상을 설명할 수 없기에 조금 더 자세하게 설명해보려고 합니다.

우선주들은 보통주에 비해서 상장 주식수가 적습니다. 따라서 우선주의 시가총액은 보통주의 시가총액보다 작습니다. 시가총액이 작다는 것은 변동성이 크다는 것을 의미합니다.

2020년 6월 2일 상한가를 달성한 삼성중공업 우선주는 10거래일 연속 상한가를 기록했습니다. 6월 2일 시초가 7만 800원이었던 삼성중공업 우선주는 같은 달 19일에 최고 96만원까지 상승하였습니다.

삼성중공업의 우선주가 상승하자 다른 우선주들도 하나의 테마를 이루어 상승하는 현상이 일어났습니다. 한국거래소는 일부 우선주가 실적과 상관없이 이상적으로 급등하는 현상이 일어나자 일부 우선주들을 30분 단위 단일가매매로 전환하여 규제했습니다.

하지만 이번에는 풍선효과로 인해서 규제를 받지 않은 우선주들이 폭등하기도 하였습니다. 풍선효과란 새로운 규제가 생겼을 때, 해당 규제의 영향을 받지 않는 곳에서 새로운 문제가 발생하는 것을 의미합니다.

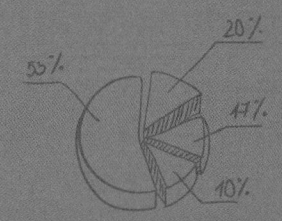

09

품절주의 의미

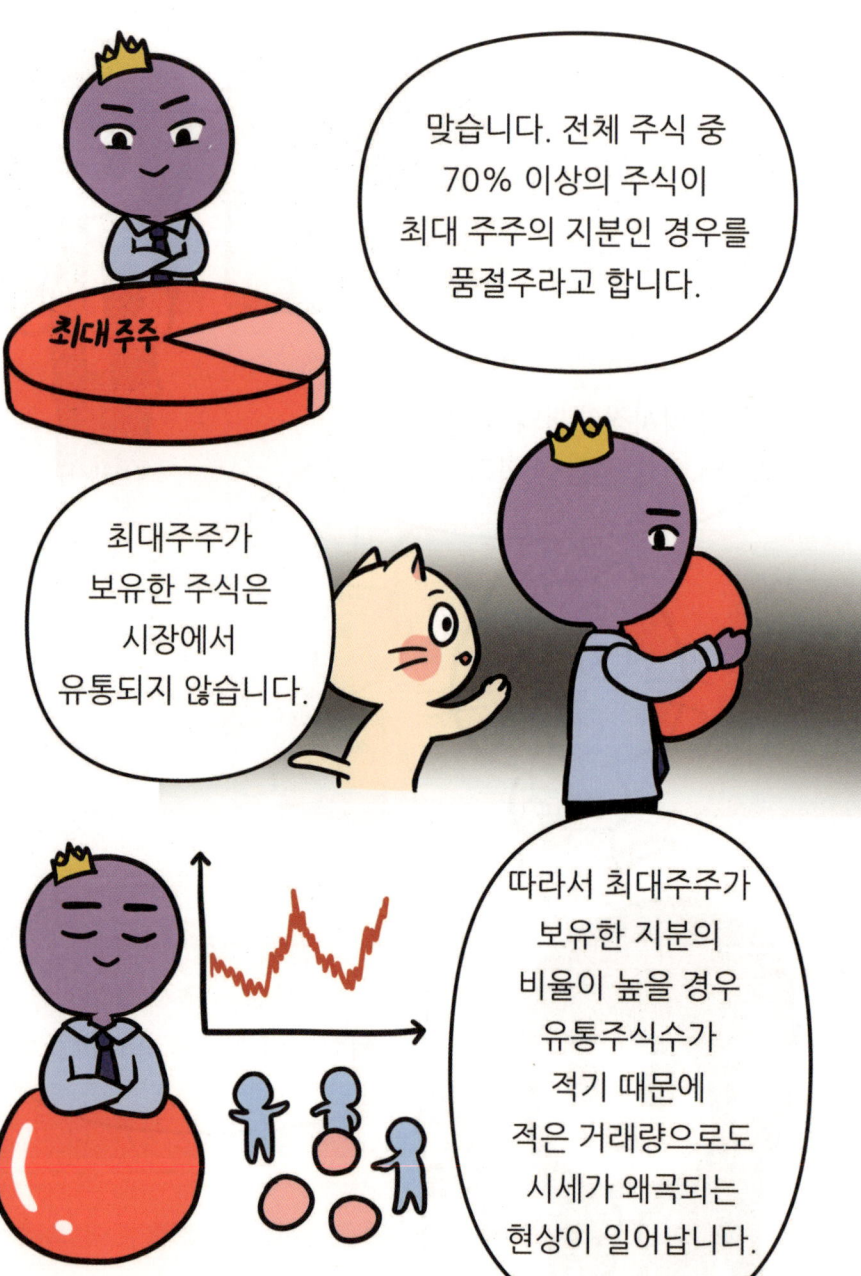

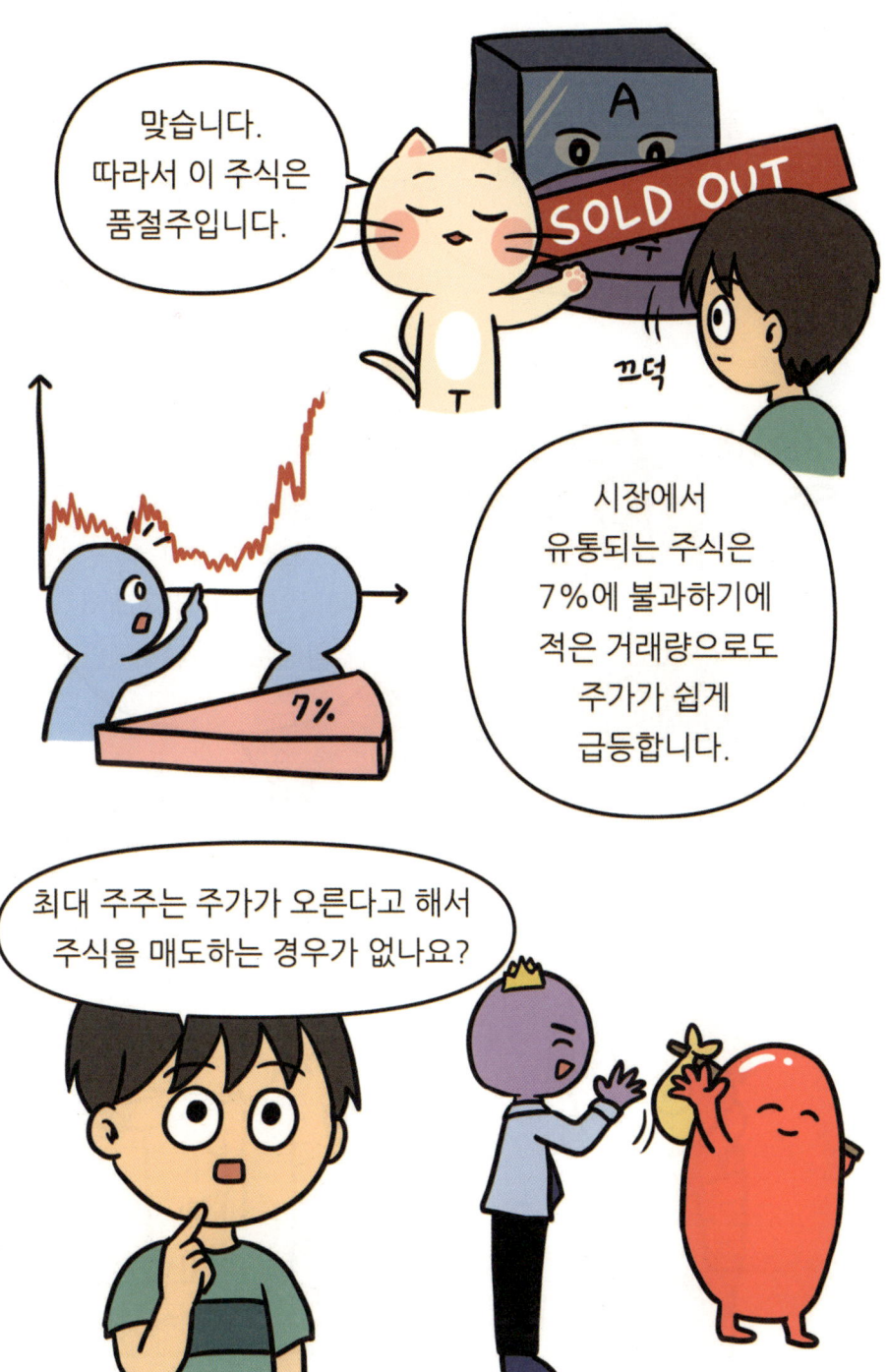

코데즈컴바인이라는 회사가 있습니다.

이 회사는 2016년까지 4년 연속으로 적자를 기록한 회사였습니다.

대부분의 투자자들은 적자기업에 투자하지 않습니다.

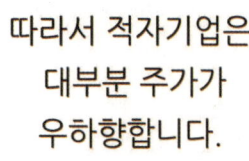

당시 주식시장에서 유통되고 있던 코데즈컴바인의 주식수는 25만주였으며 이는 전체주식수의 0.67%에 불과했습니다.

2016년에는 코데즈컴바인이 품절주였군요?

맞습니다! 코데즈컴바인은 주가가 상승하더라도 시장에 나올 수 있는 주식 수가 적은 품절주였습니다.

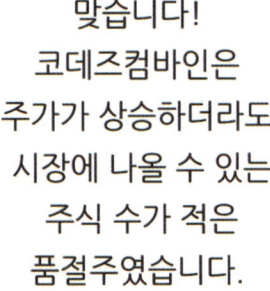

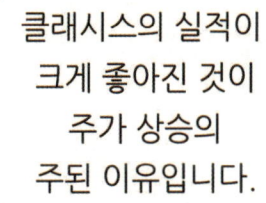

따라서 대주주의 지분율이 높으면서 매력적인 사업을 영위하고 있는 회사의 주식을 매수해야 합니다.

오늘 강의는 여기까지 하도록 하겠습니다.

감사합니다!

이 책을 읽고 계신 독자분들도 품절주에 해당되는 기업을 직접 찾아보시길 바랍니다.

✓ CHECK POINT

'품절주'란 전체 주식수에 비해 유통되는 주식의 수가 적은 종목을 의미합니다. 명확한 기준은 없지만 일반적으로 최대주주의 지분이 70% 이상인 경우를 품절주라고 지칭합니다. 품절주는 시장에서 유통되는 주식의 수가 적기 때문에 적은 거래량으로도 주가가 크게 상승할 수 있습니다.

하지만 품절주라고 해서 무조건 주가 상승에 유리한 것은 아닙니다. 단기간에 주가가 지나치게 급등할 경우 차익을 실현하려는 물량이 나오면서 적은 거래량으로도 주가가 급락할 수 있습니다. 또한, 최대주주가 보유하고 있는 주식을 매도하여 유통주식수가 증가하는 경우 투자자들은 심리적인 압박을 받게 되는데, 이는 주가에 악영향을 미칠 수 있습니다.

실제로 최대주주가 보유한 주식의 비율이 80%대 중반이던 한 품절주는 최대주주의 특수 관계인들이 보유한 주식을 블록딜로 처분한다는 공시로 인해 주가가 급락하기도 하였습니다.

과거에는 유통주식수가 적다는 이유만으로도 실적이 좋지 못한 기업의 주가가 폭등하는 사례가 많았습니다. 하지만 최근에는 실적이 좋고 미래가 밝은 사업을 영위하는 품절주들의 주가가 우상향하는 추세입니다.

10

재직자의 평가는 주가와 무관하다

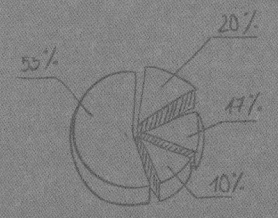

이것 좀 보세요!

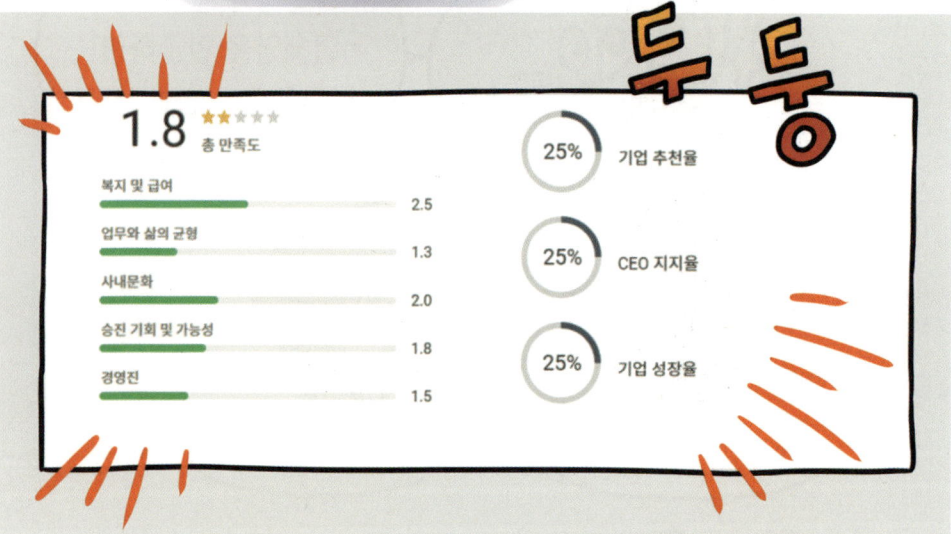

두둥

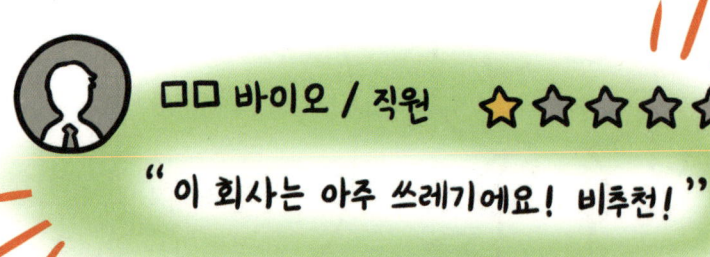

□□ 바이오 / 직원

"이 회사는 아주 쓰레기에요! 비추천!"

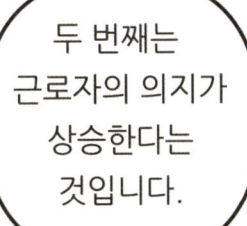

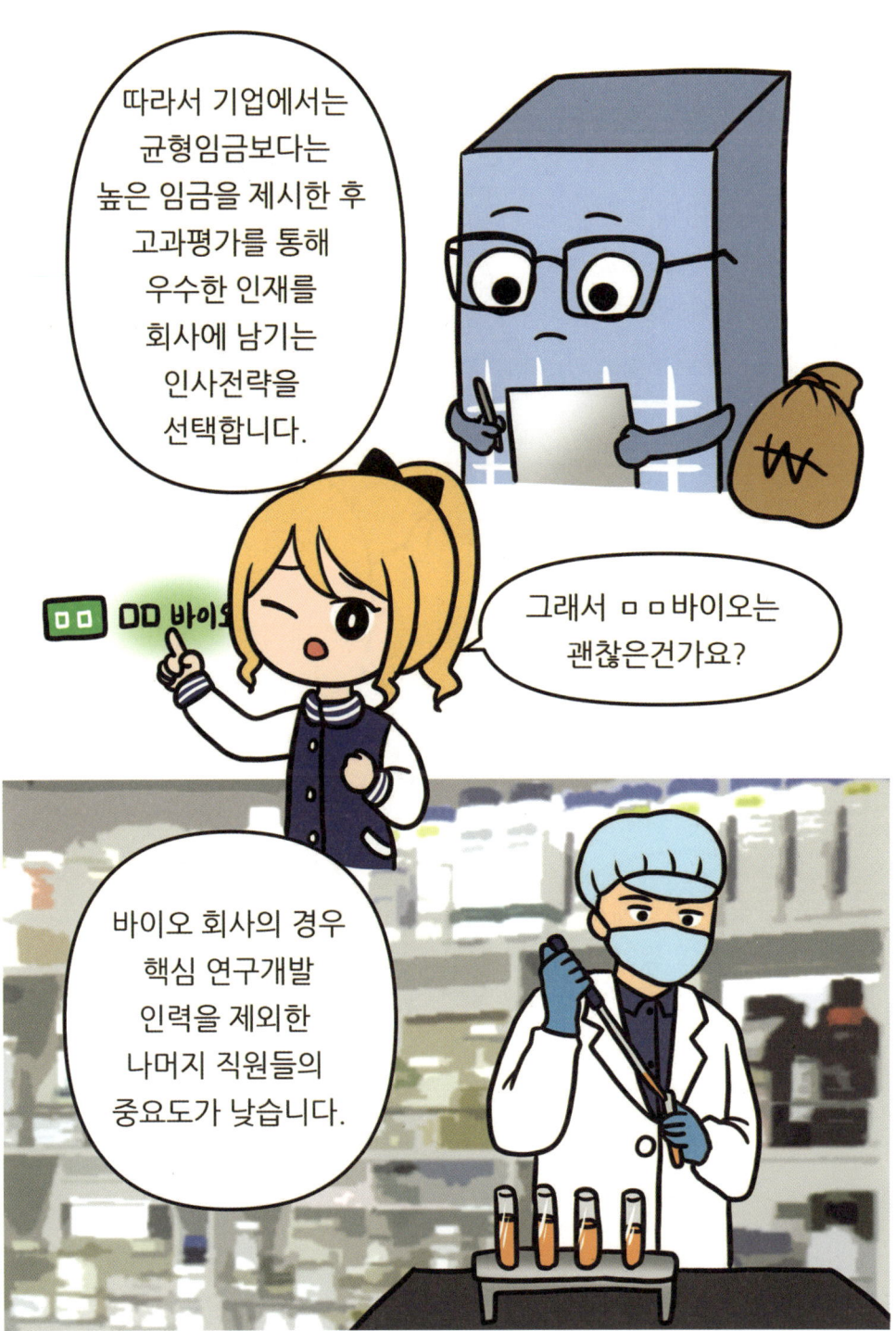

✓ **CHECK POINT**

잡플래닛이나 블라인드와 같은 직장인 커뮤니티에서는 자신이 투자한 회사의 직원들이 회사에 대해 내리는 평가를 볼 수 있습니다. 대기업을 제외한 대부분의 상장사들은 직원들의 평가가 나쁜 경우가 많습니다. 특히 바이오 기업의 경우 5점 만점에 1점대의 평가를 받는 기업들도 종종 있습니다.

많은 사람들은 평판이 좋지 않은 회사에 투자하는 것을 기피해야 한다고 생각합니다. 하지만 재직자의 평가는 회사의 주가에 어떠한 영향도 미치지 못합니다. 그뿐만 아니라 단기간에 주가가 크게 급등한 기업들은 재직자의 평가가 나쁜 경우가 대부분입니다.

거시경제학에서는 '효율성 임금 이론'에 대해서 배웁니다. 효율성 임금 이론이란 기업이 근로자의 생산성을 높이기 위하여 균형 임금보다 높은 수준으로 임금을 지급하는 것을 말합니다. 그렇다면 기업들은 왜 자발적으로 높은 임금을 지급할까요? 그 이유를 알아봅시다.

첫 번째는 이직률의 감소입니다. 임금이 높을수록 근로자의 이직률은 낮아집니다. 따라서 신규채용 및 훈련에 드는 비용과 시간을 줄일 수 있습니다.

두 번째는 격려의 의미입니다. 균형 임금 이상의 임금을 지급할 경우 근로자의 근무 열의를 돋울 수 있습니다.

마지막으로 기업이 우수한 인재를 놓치기 싫기 때문입니다. 임금이 낮다면 우수한 인재들이 회사에 지원하지 않을 것이기 때문입니다.

하지만 핵심 연구개발 인력이 회사에서 큰 비중을 차지하는 바이오 기업은 어떨까요? 나머지 직원들의 중요도가 상대적으로 낮기 때문에 인건비를 줄이기 위해서 낮은 연봉을 제시할 것입니다.

따라서 재직자의 평가가 좋지 못하더라도 회사의 미래가 어둡거나 주가 전망이 나쁘다고 할 수는 없습니다.

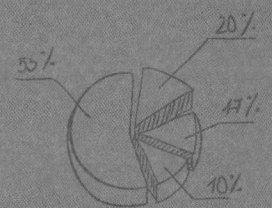

11

주식투자를 하면서 **조심**해야 할 점

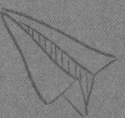

카카오톡 단톡방이나 네이버 종목토론실, 주식 카페에서의 정보는 허위이거나 과장된 경우가 많습니다.

그렇다면 검증이 된 뉴스기사만을 믿는게 정답이겠죠?

그것도 아닙니다. 예시를 들어서 설명해보겠습니다.

뉴스도 믿으면 안 된다고요?

기사가 주가에 악영향을 주지 않았나요?

기사는 정정되었지만 잘못된 기사로 인해서 많은 주주들이 주식을 매도하였고 주가는 급락하였습니다.

엘컴텍 3분기 500억 적자? 빨리 주식을 매도해야지..

기자가 실수로
잘못된 기사를 쓴 것인지,
어떠한 의도를 가지고
쓴 것인지 우리는
알 수 없습니다.

하지만,
언론사의 기사마저도
잘못된 정보로
피해를 입는 사례가 있기에
주식투자자들은
항상 주의해야 합니다.

그 외에도 잘못된
뉴스로 인해 투자자들이
피해를 본 사례가
있었나요?

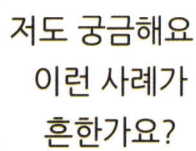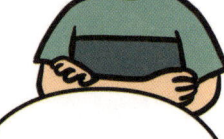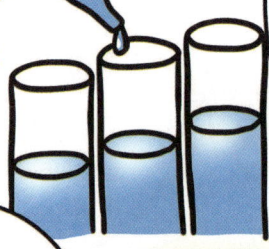

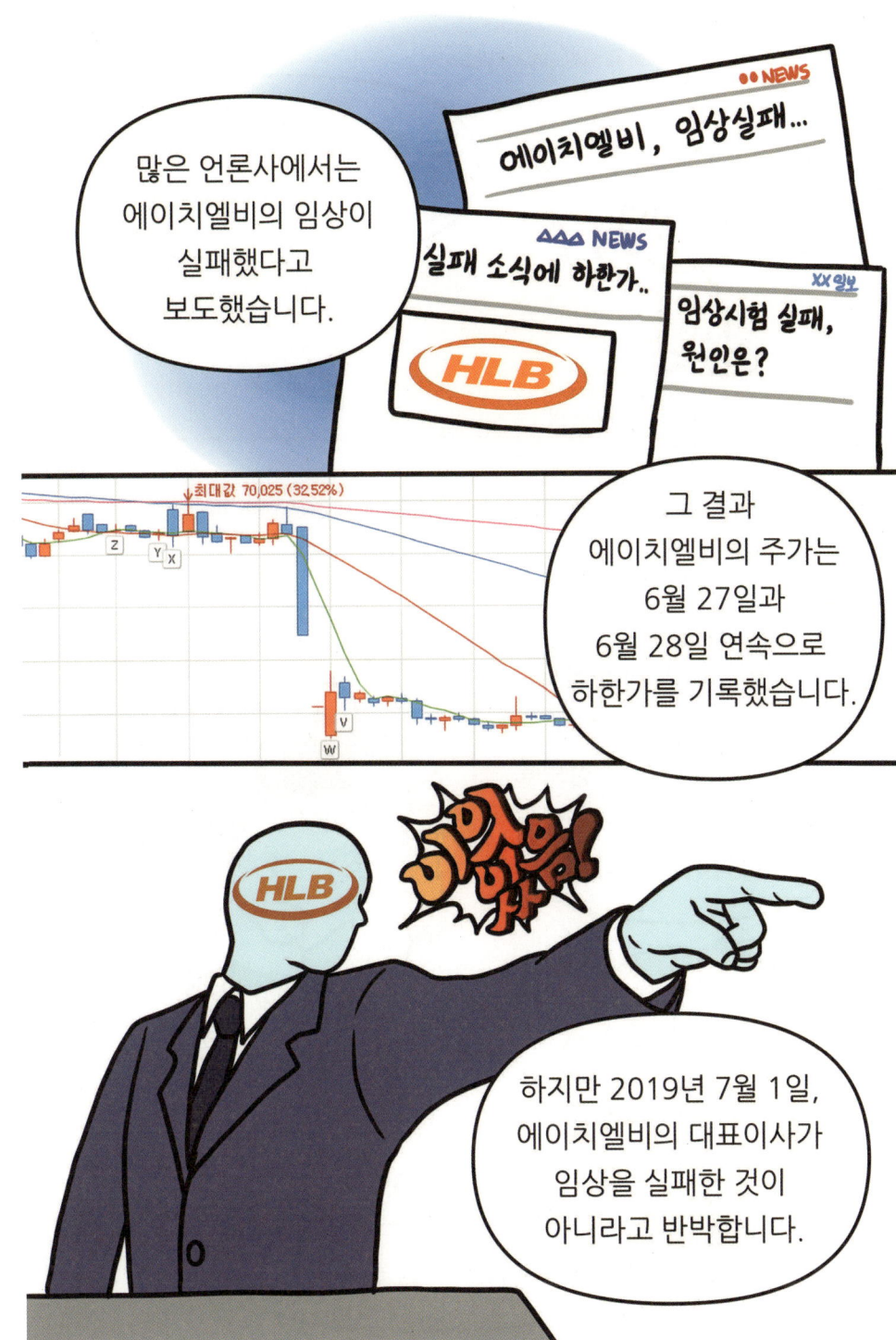

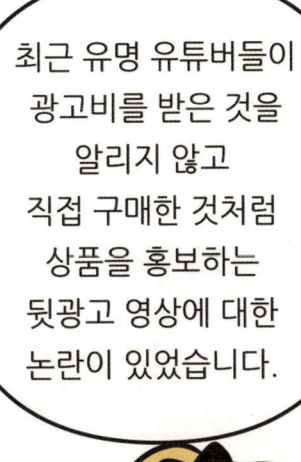

최근 유명 유튜버들이 광고비를 받은 것을 알리지 않고 직접 구매한 것처럼 상품을 홍보하는 뒷광고 영상에 대한 논란이 있었습니다.

그게 주식이랑 무슨 상관이죠?

갑자기 뒷광고 이야기를?

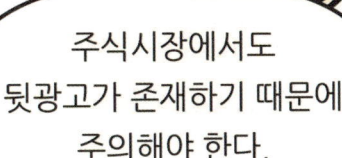

주식시장에서도 뒷광고가 존재하기 때문에 주의해야 한다.

✓ **CHECK POINT**

시험문제에는 답이 있지만 주식투자에는 명확한 답이 없을 때도 있습니다. 공식에 숫자를 대입하면 답을 찾을 수 있는 수학 문제와 달리, 주식투자를 할 때는 아무리 노력을 해도 답을 찾지 못할 수 있습니다.

주식투자에 성공할 확률을 높이는 방법 중 하나는 성공한 투자자들의 사례를 참고하는 것입니다. 다만 TV방송이나 인터넷 카페에서는 자신이 주식 전문가라고 주장하는 사람이 많기 때문에 주의해야 합니다. 각자의 기준에 따라 판단하겠지만 주식 전문가는 어떠한 경우에도 고액의 비용을 받고 리딩이나 강의를 하지 않습니다. 일부 유사투자자문업자의 마케팅에 현혹되는 일이 없었으면 합니다.

주식 전문가로 인정받기 위해서는 계좌 인증이 필수적입니다. 특정 종목을 5%이상 보유할 경우 금융감독원 공시센터에 공시를 해야 합니다. 지분 공시는 조작이 불가능한 정확한 인증이기에 지분 공시를 한 사람의 매매내역(매수가와 매도가 등)을 참고하는 것은 좋은 공부가 될 수 있습니다.

카카오톡 단톡방, 네이버 종목토론실, 인터넷주식 카페에서는 허위 정보를 흘려 투자자들을 현혹시키는 주체도 있으므로 투자자들은 항상 조심해야 합니다. 하지만 뉴스 기사라고 하더라도 모든 정보를 신뢰할 수 있는 것은 아닙니다. 증권사 MTS에서 제공하는 기사에도 광고성 기사가 섞여있기 때문입니다. 만약 기사 제목에 '대박' '폭등' '급등' '긴급'과 같은 자극적인 키워드가 들어갈 경우 광고일 확률이 아주 높습니다.

광고성 기사가 아니더라도 해당 기사의 내용이 공시 내용과 일치하는지 확인하는 것은 필수적입니다. 실제로 코스닥에 상장된 한 회사는 5억의 적자를 기록했지만 기자의 실수로 500억의 적자를 기록했다고 보도되어 주가가 하락한 사례가 있습니다. 그 외에도 코스피 상장사가 매각을 추진한다는 뉴스에 주가가 상승하였지만 회사 측에서 사실무근이라는 입장을 밝혀 주가가 다시 하락한 사례도 있습니다. 최근에는 한 코스닥 상장사에서 허위로 매출을 공시하여 논란이 되기도 했습니다.

주식시장에서 공짜로 얻을 수 있는 고급 정보는 없습니다. 주식시장에서 성공하기 위해서는 모두에게 공개된 정보를 조합하여 새로운 정보를 창출하거나 주어진 정보의 참과 거짓을 짧은 시간 내에 구분하는 능력이 필요합니다.

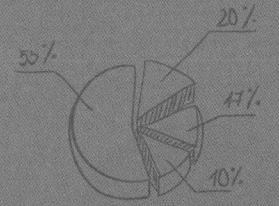

12

주식투자를 하면서 조심해야 할 점 ②

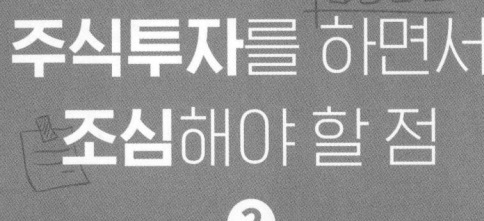

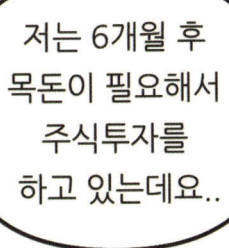

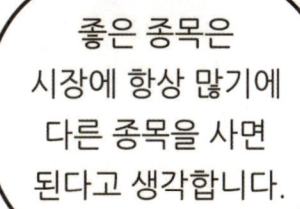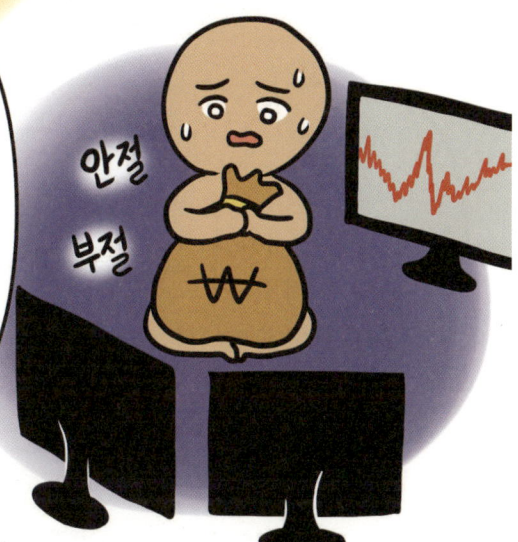

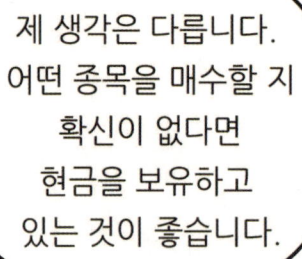

✓ CHECK POINT

주식투자를 할 때는 미수와 신용을 사용해서는 안 됩니다. 한 번의 잘못된 매매가 큰 손실로 이어질 수 있기 때문입니다. 스탁론이나 은행의 신용대출을 이용하는 것도 자제해야 합니다. 투자는 항상 불확실성과 위험을 동반합니다. 아무도 예상하지 못했던 악재로 인해 주식이 폭락할 가능성도 있으므로 투자는 항상 보수적으로 접근해야 합니다.

그렇기 때문에 목표하는 가격과 매도 시점을 정해 놓기보다는 상황에 따라 유동적으로 결정하는 것을 추천 드립니다. 매도 주가나 시점을 미리 정해두는 경우, 심리적으로 쫓기는 상황에서 아쉬운 매매를 할 가능성이 크기 때문입니다.

투자를 하는 사람은 항상 여유를 가지고 매매를 해야 합니다. 대부분의 사람들은 잠시라도 현금을 보유하고 있으면 큰일이 난다고 생각해서 항상 현금을 소진하려고 합니다. 하지만 확신이 없는 상황에서는 새로운 종목을 매수하기보다는 현금을 보유할 것을 권장합니다.

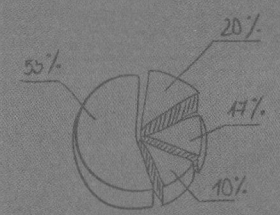

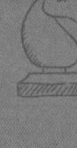

13

테마란 무엇이며
어떻게 만들어지는가?

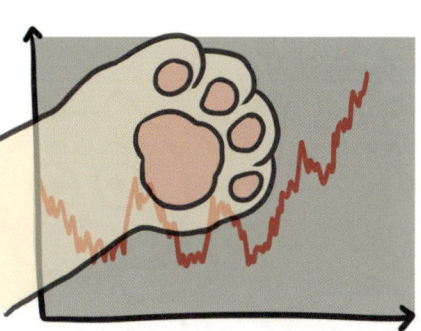

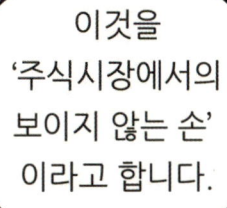
이것을 '주식시장에서의 보이지 않는 손'이라고 합니다.

경제학 용어인가요?

제가 만든 말인데요.

예를 들어 보겠습니다. 코로나-19의 유행이 시작되자 마스크와 손 세정제를 만드는 회사들의 주가가 크게 상승하였습니다.

이 회사들이 코로나 테마주로 투자자들에게 인식되었기 때문입니다.

또 다른 예시로는 유명 정치인의 동생을 회사의 임원으로 선임한 사례입니다.

이 회사는 유명 정치인의 테마주로 분류되어 주가가 크게 상승하였습니다.

주식시장에는 기업의 가치보다는 단기적인 수급을 중요시하는 투자자들이 존재하며 이들이 모여 테마를 형성합니다.

이때 테마를 구성하는 개별 종목들을 '테마주'라고 합니다.

너무 어려워요.. 요약해주세요..

요약하자면 주식시장에는 항상 이성적인 사고만 하는 투자자만 있는 것이 아니기에 테마주가 존재합니다.

테마주

✓ CHECK POINT

오늘은 테마주에 대해서 간단하게 소개하려고 합니다. 많은 사람들은 테마주 매매가 위험하다고 생각합니다. 그리고 이러한 생각이 완전히 틀린 것은 아닙니다. 주식으로 큰 손실을 보는 사람들은 대부분 테마주 거래로 인해 손실을 보기 때문입니다.

삼성전자와 SK하이닉스에 투자하는 것이 가장 안전한 투자라는 것을 우리는 잘 알고 있습니다. 그리고 우량주에 투자할 경우 원금 손실 위험은 낮지만 주식으로 부자가 될 가능성 역시 낮을 것이라는 것도 잘 알고 있습니다. 따라서 주식투자로 큰 수익을 내고 싶다면 테마주 거래는 선택이 아니라 필수입니다.

주식시장에서 테마가 어떻게 형성되는지 간단히 살펴봅시다. 주식시장에는 2000개가 넘는 종목들이 상장되어 있습니다. 하지만 모든 상장사가 투자자들의 관심을 받을 수 있는 것은 아닙니다. 거래대금을 기준으로 투자자의 관심을 받는 종목은 하루에 많아야 100개 남짓입니다.

그렇다면 주식시장에서 투자자의 관심을 받는 종목은 누가 정할까요? 바로 보이지 않는 손이 정합니다. 투자자들은 사회적 이슈와 조금이라도 밀접한 종목에 관심을 가집니다. 예를 들어 전염병이 퍼지면 마스크 회사의 주식에 관심을 가지며 특정 정치인의 지지율이 오르면 그 정치인의 테마주를 찾습니다.

테마주는 전부 사기라고 주장하는 사람들이 있습니다. 사람마다 판단의 기준은 다를 수 있으나 시장 참여자들은 항상 합리적인 판단만을 하는 주체가 아닙니다. 따라서 테마주의 존재를 부정하기보다는 이를 이용하여 수익을 낼 수 있는 방법을 찾아야 합니다.

실전투자대회에서 최상위권의 수익률을 기록하는 투자자들은 대부분 테마주를 매매한 사람들입니다. 하지만 대회에서 최하위권의 수익률을 기록하는 투자자들도 대부분 테마주를 매매한 사람들입니다. 이처럼 테마주 거래는 기대할 수 있는 보상이 크지만 위험성도 크다고 할 수 있습니다.

안전한 테마주 매매를 위해서는 시가총액이 낮지만 영업이익이 높고, 부채비율이 낮지만 유보율이 높은 종목을 선택해야 합니다. 이러한 종목들은 상장폐지 가능성이 낮으며 테마주로 부각되어 주가 상승이 발생할 가능성이 높습니다.

자세한내용이 궁금하신 분들은 제가 쓴 책인 《시간여행TV의 테마주 백과사전》을 참고하시기 바랍니다.

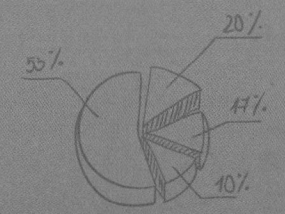

14

정치 테마주
인맥주

많은 사람들이 대형주를 사는 것을 투자라고 생각하고 테마주를 사는 것을 투기라고 생각합니다.

잘못된 생각입니다. 대형주를 사더라도 명확한 근거와 확신이 없다면 그것은 투기에 가깝습니다.

아빠~ 저희 집 담보로 대출 받아서 삼성전자에 몰빵하는거 어때요?

삼성전자를 사더라도 투기가 될 수 있군요.

이 회사의 주가는 박근혜 당시 대통령 후보의 지지율이 상승하자 저점 대비 10배 상승하였습니다.

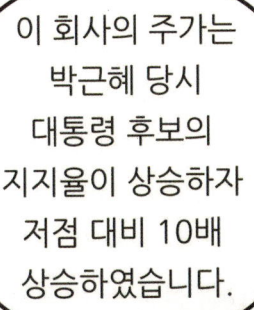

또 다른 예시가 있을까요? 그건 벌써 10년 전 이야기잖아요.

기다려보세요. 찾아볼게요.

빨리 찾아주세요.

혈연 관계로 이어진 인맥주의 경우 유명 정치인의 가족 혹은 사촌이 특정 상장사에 재직하는 경우를 의미합니다.

두 번째는 동문 관계입니다. 유명 정치인과 특정 회사의 임원이 고등학교 혹은 대학교 동문이라면 그 회사가 정치 테마주로 편입되는 경우가 있습니다.

마지막으로는 친구 관계입니다. 유명 정치인과 특정 회사의 임원이 같이 찍은 사진이 있거나 친한 친구 관계일 경우 그 회사가 정치 테마주로 편입되는 경우가 있습니다.

박근혜 전 대통령의 재임기간동안 박근혜 전 대통령의 동생 박지만 씨가 대표이사로 재직중인 EG의 실적과 주가는 모두 하락하였습니다.

도대체 정치 테마주는 왜 존재하나요? 유명 정치인이 대통령에 당선되어도 아무런 영향이 없잖아요!

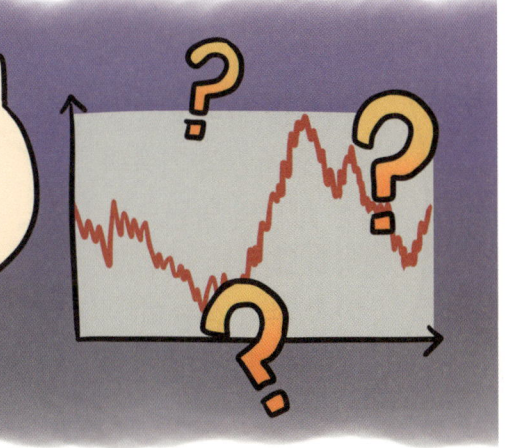

세상에는 이해를 하기 어려운 현상들이 많습니다. 특히 불확실성으로 가득한 주식시장은 더욱 그렇습니다.

✓ **CHECK POINT**

정치 테마주에는 '인맥주'와 '정책주'가 있습니다. 이번 챕터에서는 인맥주에 대해서 배워보고 다음 챕터에서는 정책주에 대해서 배워보겠습니다. 특정 정치인과 연관이 있다고 알려진 테마주를 '정치 테마주'라고 합니다.

정치 테마주에 투자하는 것이 투기 행위라고 생각하여 거부감을 가지는 일부 투자자들이 있습니다. 하지만 투자와 투기를 명확하게 구분하는 것은 불가능하지 않을까요? 빚을 내서 삼성전자를 매수하는 투자자와 자신만의 원칙과 기준을 가지고 테마주를 매수하는 투자자 중 어느 사람이 더 투기적인 매매를 하고 있을까요?

같은 종목을 매수하더라도 어떤 투자자에게는 투자, 또 다른 투자자에게는 투기가 될 수 있습니다. 주식투자자는 자신의 매매에 최대한 많은 근거를 가지고 매매해야 합니다. 그것이 올바른 투자입니다.

우리가 잘 알지 못하는 사이에 보유한 종목이 특정 정치테마주로 편승하여 주가가 상승하는 일이 종종 있습니다. 정치 테마주 매매에 전혀 관심이 없으신 투자자분들도 본인이 보유한 종목이 우연히 정치 테마주로 엮일 수 있으니 이번 챕터의 내용에 대해서 공부를 하시면 큰 도움이 될 겁니다.

정치 테마주의 인맥주에는 크게 3가지 경우의 수가 있습니다.

첫 번째는 혈연관계입니다. 2012년 대선 당시 박근혜 전 대통령의 동생 박지만 씨가 대표이사로 재직하던 'EG'라는 상장사의 주가가 10배 상승한 것이 대표적인 사례입니다.

두 번째는 동문 관계입니다. 유명 정치인과 특정 회사의 임원이 고등학교 혹은 대학교 동문이라면 그 회사가 정치 테마주로 편입되는 경우가 있습니다.

마지막으로는 친구 관계입니다. 유명 정치인과 특정 회사의 임원이 고향 친구일 경우 그 회사가 정치 테마주로 편입될 수 있습니다.

정치 테마주는 투자자들 간의 보이지 않는 합의에 의해서 만들어집니다. 그렇기에 특정 정치인의 대통령 당선이 테마주의 주가 및 실적 상승과 직결되지는 않습니다. 실제로 박근혜 전 대통령이 당선되었지만 박근혜 전 대통령의 동생 박지만 씨가 대표이사로 재직하던 EG의 주가와 실적은 모두 하락하였습니다.

정치 테마주에서의 인맥주는 보통 대선 1~2년 전 고점을 찍는 경우가 많습니다. 따라서 대선 3~4년 전에 미리 주식을 매수했다가 대선 1~2년 전에 매도하는 것을 권장합니다.

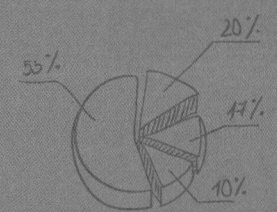

15

정치 테마주
정책주

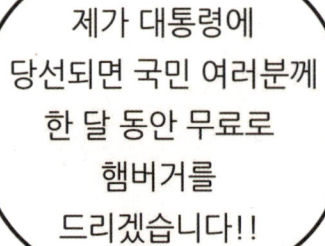

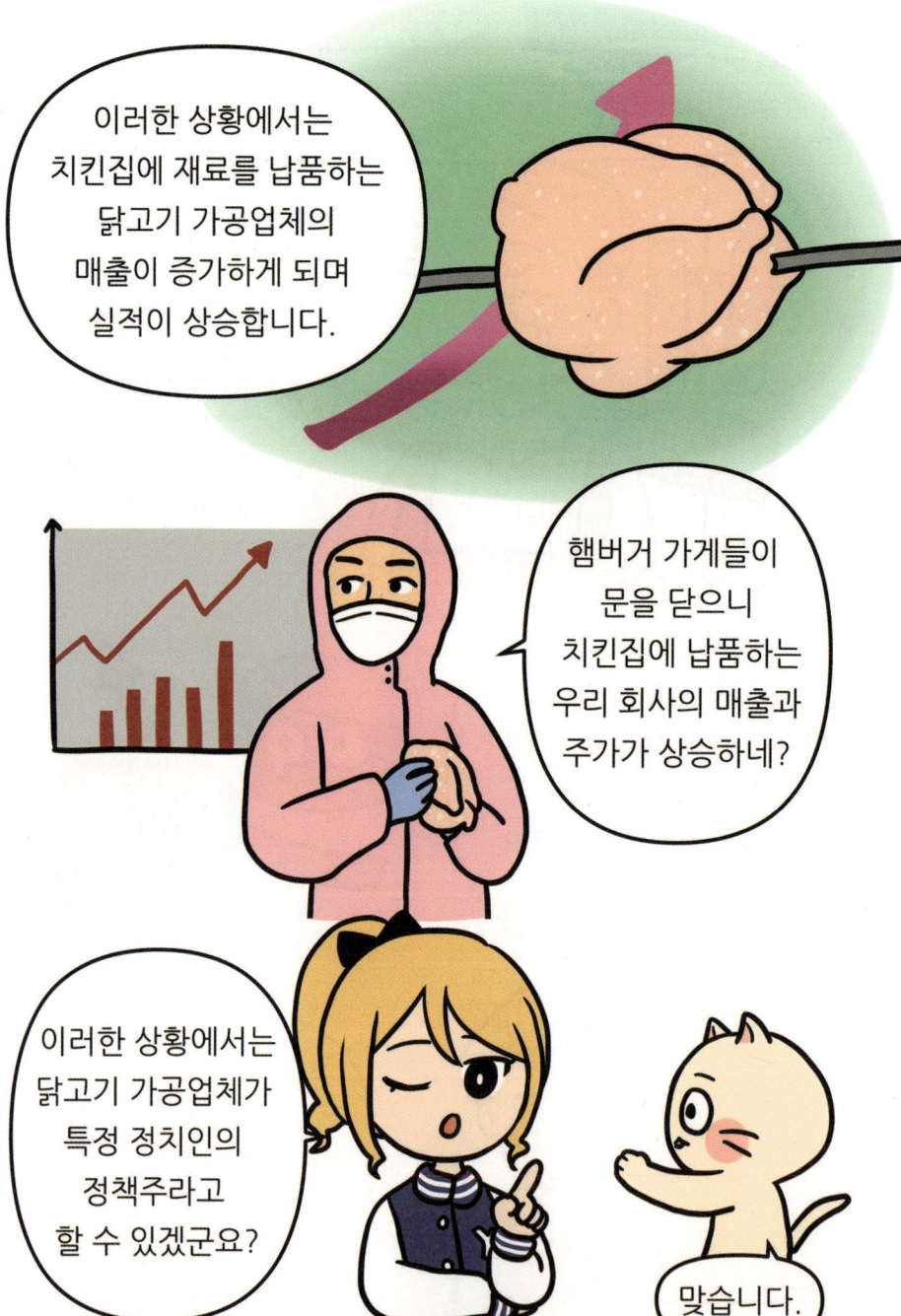

두 번째로 햄버거 가게에 정부가 보조금을 지급하는 경우입니다.

햄버거 가게에서는 손님들에게 햄버거를 무료로 제공해도 정부에서 보조금을 지급하니 전혀 손해볼 것이 없습니다.

햄버거 두 개 주세요.

어차피 정부에서 돈을 주는데 더 주문하는건 어떨까요?

✓ CHECK POINT

정치 테마주에서 '정책주'는 특정 정치인의 공약이나 정부의 정책이 회사의 사업분야와 연관이 있는 주식을 말합니다. 예를 들어 정부에서 출산율을 높이기 위한 정책을 세우겠다는 발표를 하면 유아용 장난감을 만드는 회사의 주가가 상승할 것입니다. 출산율이 늘어난다는것은 아이들의 수가 늘어난다는 것을 의미하고 유아용 장난감이 잘 팔리는 결과를 야기할 것이기 때문입니다.

더 많은 예시는 다음의 표를 참고해 주십시오.

정책	수혜 기업
일자리	창업투자, 취업 포탈 관련 기업
저출산	유아용 장난감, 교육 관련 기업
노인 복지	임플란트, 치매약 개발 관련 기업
여성 복지	생리대, 여성 의류 관련 기업
코로나 바이러스	마스크, 진단키트, 코로나 치료제 관련 기업
중국 관련	호텔, 여행, 화장품, 엔터테인먼트 관련 기업
무상 교육	교복, 급식, 필기구 관련 기업
개헌(수도 이전)	세종시에 토지를 보유한 기업

대선후보들이 토론회에서 공통적으로 발표하는 공약들은 우리 사회가 직면하고 있는 시급한 문제일 가능성이 높습니다. 따라서 대선이 가까워질수록 해당 공약과 연관이 있는 사업을 영위하는 회사로 투자자들의 매수세가 유입되어 거래금액이 증가할 가능성이 높습니다. 하지만 정책주 매매가 아무 때나 수익을 낼 수 있는 것은 아닙니다. 시장참여자들이 해당 종목에 무관심한 때에 주식을 매수하여 많은 사람들이 관심을 가지는 시점에 매도해야 된다는 것을 기억합시다.

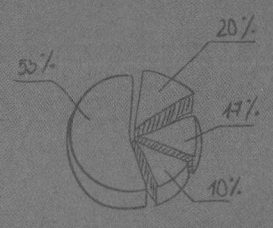

16

경영권 분쟁이란 무엇인가?

학급의 반장은 선거를 통해 선출합니다.

선거에 출마한 후보가 여럿일 경우 투표를 통해서 반장을 선출합니다.

선거에서 한 표라도 더 많이 득표한 후보가 반장이 됩니다.

✓ CHECK POINT

"주식을 산다는 것은 해당 기업의 주인이 되는 것"이라는 말을 들어본 적이 있을 것입니다. 기업의 주인이 된다는 것은 회사를 마음대로 할 수 있다는 의미가 아니라 주주총회에서 의결권을 행사할 수 있다는 것을 의미합니다.

기업의 주주총회에서는 이사 선임부터 잉여금 분배 등 다양한 안건을 다룹니다. 여기서 의결권은 1인당 1개가 아닌 보유한 주식의 수에 비례하여 행사할 수 있습니다. 따라서 대부분의 주식회사에서는 주식을 가장 많이 보유한 최대주주가 회사의 임원을 결정합니다.

하지만 최대주주의 지분이 적은 일부 회사에서는 소액주주들이 힘을 합쳐 최대주주를 몰아내려는 경우도 있습니다. 이를 '경영권 분쟁'이라고 합니다. 경영권 분쟁은 최대주주의 지분이 50%를 넘지 않을 때 발생합니다.

경영권 분쟁이 발생한 상황에서는 관련 주체들이 더 많은 의결권을 확보하기 위해서 주식을 매수합니다. 이 경우 유통 주식 수가 점점 감소하기 때문에 주가는 상승합니다. 상황에 따라서는 2008년 '남광토건 경영권 분쟁' 사례처럼 주가가 저점 대비 10배 이상 크게 상승하는 경우도 있습니다.

경영권 분쟁에서 소송을 통해 상대방의 의결권을 행사하지 못하게 막으려는 시도도 있을 수 있습니다. 이때 소송에 들어가는 비용은 매몰비용에 해당됩니다. 따라서 경영권 분쟁 중 대형로펌을 선임하여 소송에 임하는 것은 경영권 분쟁이 단기간에 끝나지는 않을 것이라는 사실을 예고하는 시그널이 됩니다. 따라서 경영권 분쟁 관련 소송 공시는 주가에 호재로 작용합니다.

하지만 경영권 분쟁이 끝난다면 어떻게 될까요? 시장에 유통되는 주식의 수가 증가할 가능성이 있기에 주가는 하락세를 보일 수 있습니다. 그 대표적인 사례인 'KMH'를 다음 챕터에서 다루도록 하겠습니다.

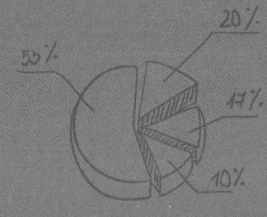

17

경영권 분쟁의 끝
재료소멸

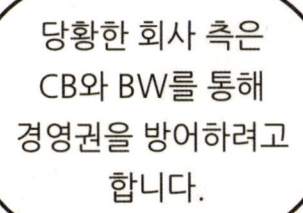

✓ CHECK POINT

지난 챕터에서 설명한 바와 같이 경영권 분쟁이 끝난 기업인 'KMH' 사례에 대해서 알아보도록 하겠습니다. KMH는 '아시아 경제'라는 신문사를 계열사로 보유하고 있는 꽤 큰 규모의 회사입니다. 2013년부터 6년간 이 회사의 지배주주 순이익은 280% 상승했지만 주가는 고작 35% 상승한 것을 한 자산운용사에서 문제 삼으며 경영권 분쟁은 시작되었습니다.

자산운용사측에서는 지배 구조를 간결히 하면 KMH의 저평가가 해소될 것이라고 주장하였지만 회사측에서는 이러한 제안을 무시하였습니다. 이에 따라 자산운용사 측은 보유한 지분을 사모펀드 측에 매각하였습니다.

사모펀드 측에서는 지분을 매입하자마자 경영권 분쟁을 선언합니다. 당황한 회사 측은 CB와 BW를 발행하여 경영권을 지키려 했습니다. 하지만 이 과정에서 소액주주들의 분노를 유발하게 되었고, 결과적으로 회사는 임시주총에서 패배하게 됩니다.

그 이후로도 사모펀드 측은 소송을 꾸준히 제기하였고 소액주주들은 경영권 분쟁이 지속되면 주가가 크게 상승할 것이라고 판단하여 주식을 계속 매입하였습니다. 그 결과 KMH의 주가는 크게 상승하게 됩니다.

하지만 회사 측과 사모펀드 측의 합의가 이루어지고 나서 주가는 고점 대비 1/3로 하락하게 됩니다. 투자자들이 여기서 얻을 수 있는 교훈은 상승 곡선만을 그리는 주식은 없다는 것입니다. 경영권 분쟁과 같이 미래를 예측하기 어려운 테마의 경우, 원칙과 기준을 세워서 보수적으로 매매하는 것이 중요합니다.

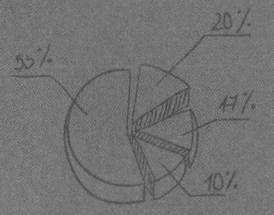

18

차트란 무엇이고 어떻게 활용할까?

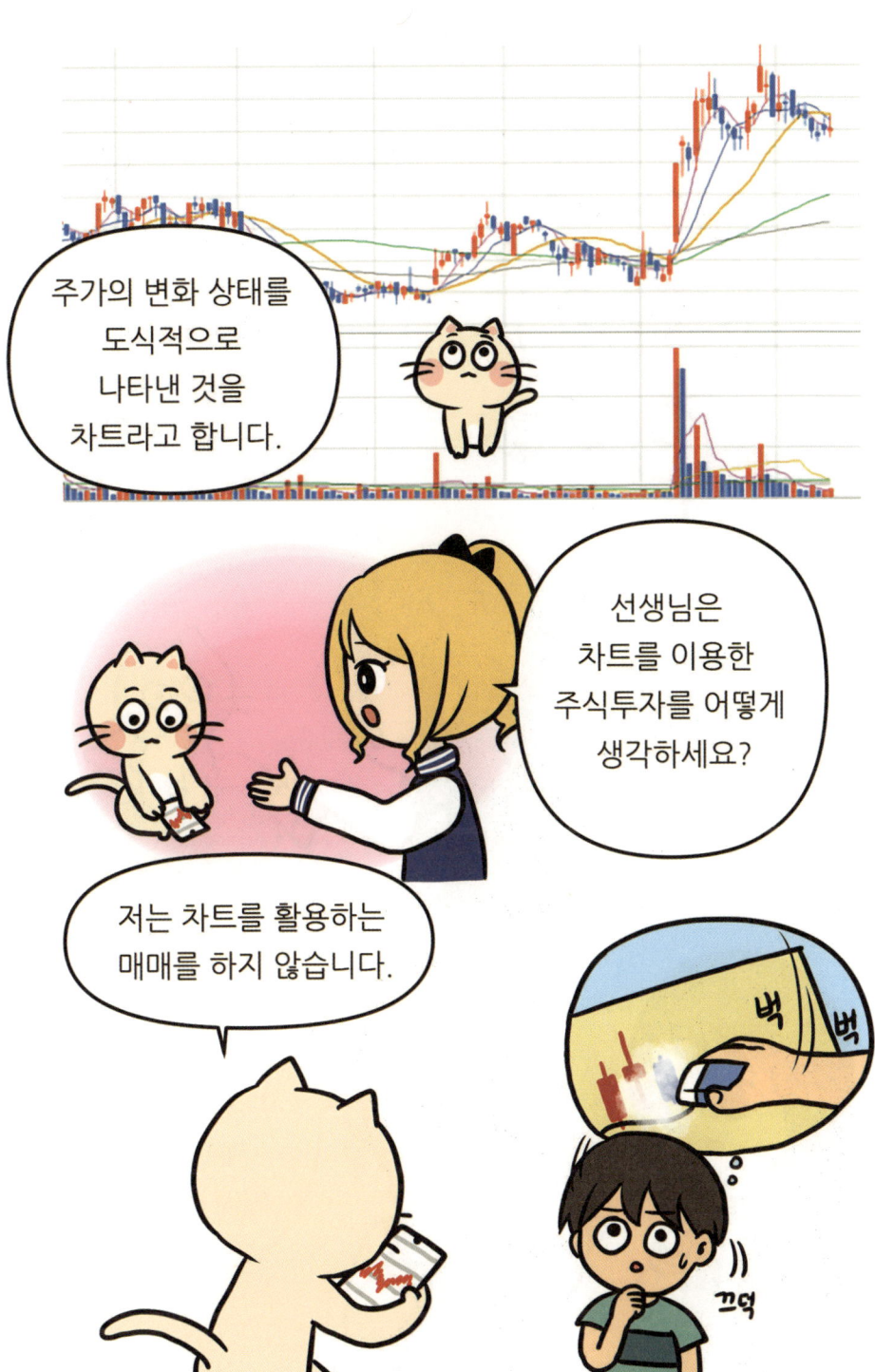

하지만 주식투자에는 다양한 정답이 있습니다. 차트를 활용하는 매매가 반드시 잘못되었다고는 할 수 없습니다.

차트를 활용하는 매매는 어떤 것인가요?

과거의 주가를 분석하여 미래의 주가를 예측하는 매매 아닐까?

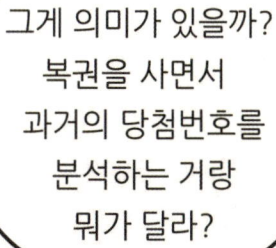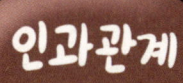

예시를 들어보겠습니다. 상한 음식을 먹고 배가 아픈 상황을 생각해보세요.

인과관계

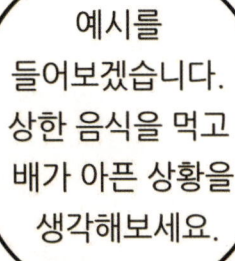

원인

결과

상한 음식을 먹은 것은 원인이며 배가 아픈 것은 결과입니다. 따라서 상한 음식을 먹고 배가 아픈 상황은 인과관계가 있습니다.

상관관계

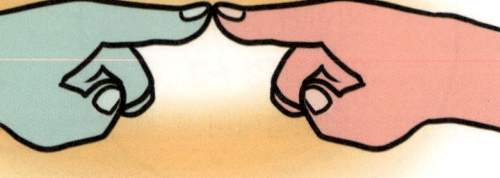

상관관계는 두 대상이 서로 연관성이 있다고 추측되는 관계를 의미합니다.

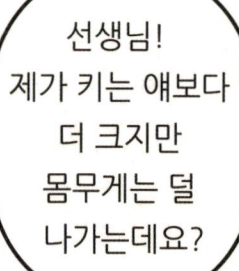

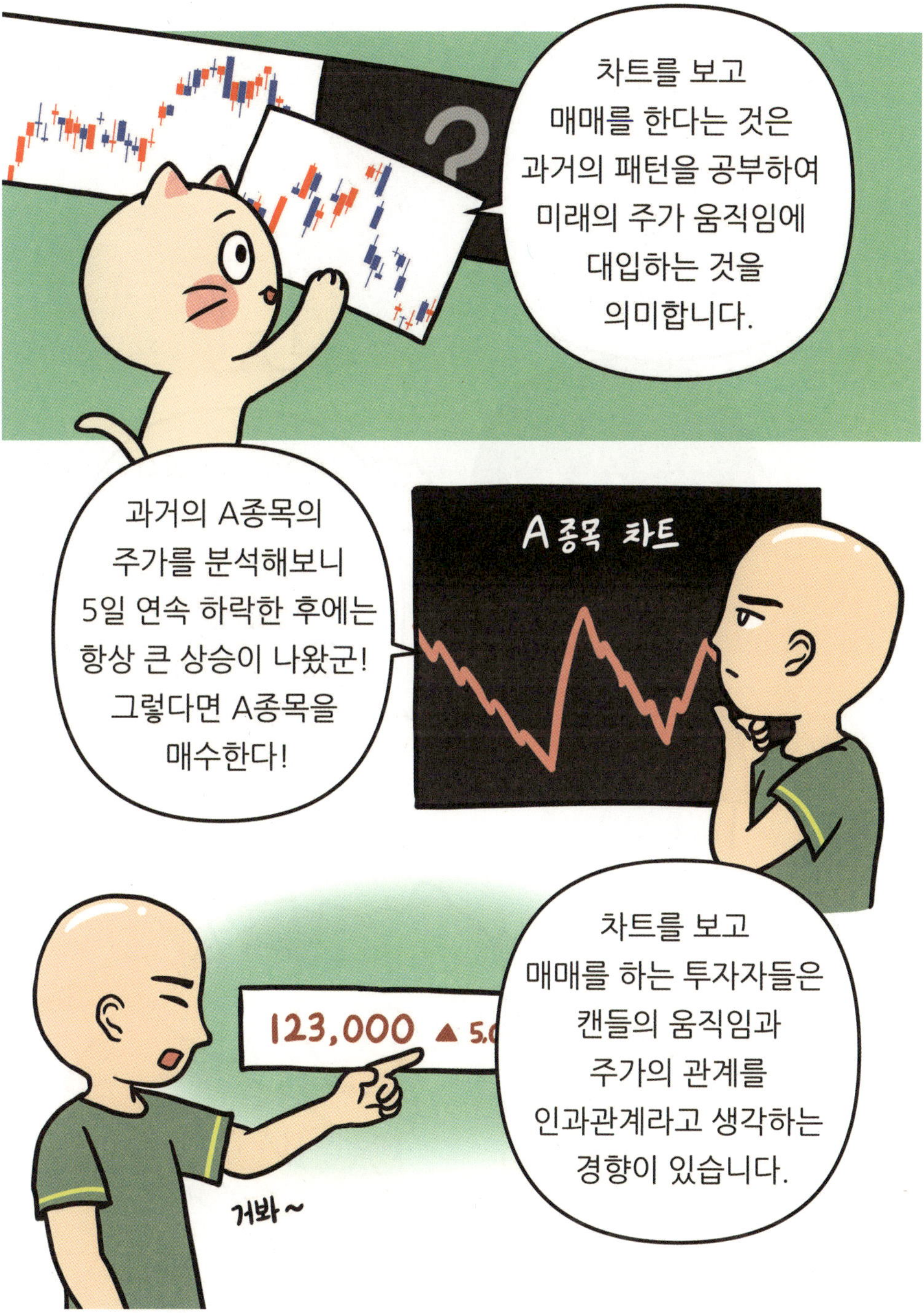

상관관계를 인과관계로 착각한다면 많은 부작용이 생길 수 있습니다.

만약 선수들에게 월요일 외출을 금지한다면 반발이 심하게 생길 수도 있겠죠.

烏飛梨落

사자성어 중에는 '오비이락'이라는 말이 있습니다.

까마귀 날자 배 떨어진다는 뜻이죠?

맞습니다.

까마귀가 날아올랐는데 배가 떨어지는 일이 반복된다면 사람들은 까마귀가 배를 떨어뜨렸다고 생각하는 경향이 있습니다.

물론 실제로는 까마귀와 떨어지는 배 사이에 아무 관계가 없습니다.

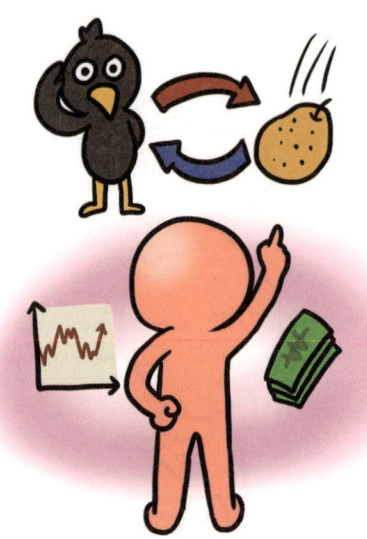

과거의 데이터를 통해서 까마귀와 떨어지는 배가 인과관계가 있다고 가정한 후, 까마귀가 날아오를 것 같다는 소식을 접하고 배가 떨어지는 상황에 베팅을 한다면 그것은 차트를 활용한 주식투자가 됩니다.

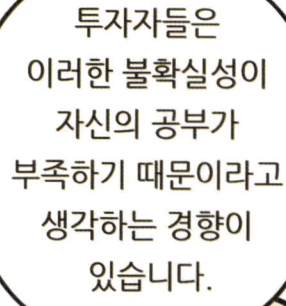

투자자들은 이러한 불확실성이 자신의 공부가 부족하기 때문이라고 생각하는 경향이 있습니다.

이 강의만 들으면 나도 주식고수가 될 수 있어!

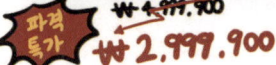

모든 투자에는 불확실성이 존재합니다. 주식투자에 성공하여 수십조 원의 자산을 쌓은 워런 버핏조차 손실을 보는 매매를 할 때가 있습니다.

✓ CHECK POINT

최근 주식시장에 새롭게 입문한 사람들이 늘고 있습니다. 이들은 주식시장을 '돈 복사기'에 비유하며 "낮잠을 자고 왔더니 돈이 복사되어 있다."와 같은 반응을 보이며 열광합니다. 하지만 제대로 된 공부를 하지 않고 주식투자를 하는 것은 돈을 파쇄기에 넣고 분쇄시키는 것과 다르지 않습니다.

대부분의 투자자들이 주식공부의 필요성에 대해서는 공감하지만 공부를 어떻게 해야 할지에 대한 방향성은 잡지 못하고 있습니다. 그래서인지 차트를 통해서 종목을 분석하려는 사람들이 최근에 꽤 많아진 것 같습니다. 지금 TV를 켜고 증권 방송을 시청하면 양복을 입은 전문가가 차트에 선을 그리면서 분석을 하고 있을 것입니다.

주식시장에 정답은 없기에 본인의 주관적인 의견을 제시하는 것이 조심스럽습니다만, 차트를 활용하는 매매를 독자 분들에게 권하고 싶지는 않습니다. 과거의 주가를 분석하여 미래의 주가를 예측하는 것은 로또 복권을 사면서 과거의 당첨번호를 참고하는 것과 다르지 않습니다.

주식시장은 많은 변수와 불확실성이 있기에 과거의 데이터에 의존하여 미래의 주가를 예측하는 것은 불가능하고 위험합니다. 로또 복권을 예시로 들자면, 2주 연속으로 같은 번호가 당첨될 것 같지는 않다고 생각하여 지난주의 당첨번호를 참고할 수는 있겠지만 이를 활용하여 이번 주의 당첨번호를 완벽하게 예측하는 것은 불가능에 가깝습니다.

투자자들이 차트를 통해서 정답을 찾으려는 시도는 주식시장의 불확실성 때문이라고 생각합니다. 보유한 종목에서 손실이 발생할 경우 본인의 지식이 부족하다고 여

겨 고액 유료 강의를 들으면 주식을 잘할 수 있을 것이라고 믿는 사람들이 많습니다. 세계에서 주식 투자를 가장 잘한다고 알려진 워런 버핏조차도 손실을 보는 매매를 할 때가 있습니다. 하지만 워런 버핏이 주식시장에 대한 지식이 부족해서 발생하는 손실은 아닙니다.

우리는 주식시장에 존재하는 불확실성을 인지해야합니다. 그리고 이러한 불확실성에 대해 가지는 두려움을 떨쳐내기 위해서 자신만의 기준을 세우고 매매하는 것이 중요합니다. 저의 경우 시가총액 700억 미만의 소형주라는 기준을 세우고 이 범위 내에서만 주식을 거래하였습니다. 해당 내용이 더욱 궁금하신 분들은 예스24에서 판매중인 《시간여행TV의 주식투자전략》과 《시간여행TV의 테마주 백과사전》을 참고하시길 바랍니다. 여러분들도 여러분만의 기준을 세우고 매매를 하시기 바랍니다.

19

저평가된 종목을 발굴하자!

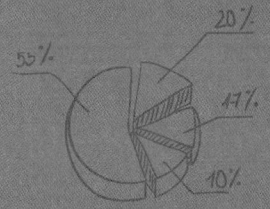

따라서 저평가된 종목이 존재하며 반대로 고평가된 종목이 존재합니다.

우리는 저평가된 종목을 매수해야 하기에 저평가 종목에 대해서 먼저 이야기 하겠습니다.

주가의 저평가는 기업의 실제 가치가 높음에도 불구하고 투자자들이 해당 회사에 대한 정보가 부족해서 이를 알지 못하는 경우에 발생합니다.

정확합니다.
모든 소외된 종목이
저평가된 종목은 아니지만
저평가된 종목들은 대부분
소외된 종목들입니다.

저평가된 종목의
두 번째 특징으로는
시장의 신뢰를
받지 못하고 있다는
점입니다.

생각해보면
너무나도 당연합니다.
회사가 시장에서
제대로 된 가치를
인정을 받지 못한다면
주가는 본래의 가치보다
낮게 평가될 것이기
때문입니다.

안녕하세요..

뭐하는
곳이야?

시장의 신뢰를 받지 못하고 있는 회사는 어떻게 찾을 수 있나요?

종목토론실이나 해당 종목의 단톡방을 참고하세요. 회사와 대표이사에 대한 욕이 많을수록 회사는 저평가를 받고 있을 가능성이 높습니다.

여기서 주의할 점은 주주들로부터 욕을 많이 먹는 회사가 저평가된 회사는 아니라는 것입니다. 회사가 주주들의 가치를 훼손하는 행위를 반복하여 주주들이 욕을 할 수도 있습니다.

유상증자나 전환사채를 발행한 이력이 있는 회사를 말씀하시는 거죠?

네 맞습니다. 주식투자자라면 유상증자나 전환사채를 발행한 적이 있는 회사에 투자하는 것을 피해야 합니다.

저평가된 종목의 세 번째 특징으로는 최근 3년간 실적은 꾸준히 늘었지만 주가는 상승하지 못하고 횡보하는 경우가 많습니다.

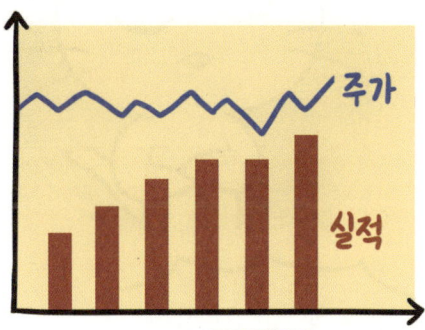

$$PER = \frac{주가}{주당 순이익}$$

주가는 그대로이고 실적만 늘다보니 동종 업계 대비 PER이 낮은 경우입니다.

이런 종목들은 결국 저평가를 탈피하여 주가가 상승하는 경우가 많습니다.

> ✓ **CHECK POINT**

이번 챕터에서는 저평가 된 종목을 발굴하는 방법에 대해서 다루겠습니다. 주가는 해당 기업의 가치를 정확하게 반영하고 있지 않습니다. 만약 기업의 주가가 기업의 가치를 제대로 반영하고 있다면 하루 사이에 특정 회사의 시가총액이 수백억에서 수천억까지 변하는 현상을 설명하기 어려울 것입니다.

주식시장에는 2천 개가 넘는 회사들이 상장되어 있으며 대부분의 투자자들은 이 회사들에 대해서 전부 알고 있지 못합니다. 따라서 이 회사들 중에서는 투자자들에게 소외되어 저평가를 받고 있는 회사가 반드시 존재하기 마련입니다.

기업의 저평가는 회사의 미래 가치가 높음에도 불구하고 투자자들이 이러한 사실에 대해 제대로 인지하지 못하는 경우에 주로 발생합니다. 일반적으로 최근 90일의 거래대금이 20억 미만일 경우 소외된 종목이라고 할 수 있는데, 이러한 소외된 종목 중에서 저평가를 받고 있는 회사의 주식을 매입하여 제대로 된 평가를 받을 때까지 기다리는 것이 가장 이상적인 투자전략이라고 할 수 있습니다.

거래대금이적다고 해서 해당 종목이 저평가를 받고 있다고 단정 지을 수는 없습니다. 유동성부족이나 낮은 성장 가능성으로 인해 매수를 하려는 사람이 많지 않아 거래대금이 적은 종목일 수도 있기 때문입니다.

이전 챕터에서 주식의 핵심은 아무도 관심이 없을 때 매입하여 거래량이 터지는 시점, 즉 다른 투자자들이 관심을 가지기 시작하는 시점에 매도하는 것이라고 설명하였습니다. 조금 더 구체적으로 설명하자면 아무도 관심이 없는 주식 중 최근에 유상증자를 했거나 전환사채를 발행한 이력이 있는 기업에 투자하는 것은 피해야 합니다. 또한 최근 3년 이내에 적자를 기록한 기업에 투자하는 것도 바람직하지 않습니다.

사업분야가 명확하고 영업이익을 꾸준히 내고 있지만 거래대금이 적고 시가총액이 작은 기업의 경우 추후에 테마주로 편입하여 주가가 상승할 여지가 있습니다.

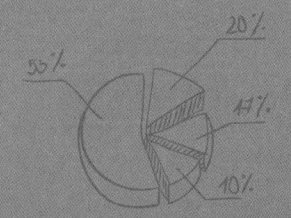

20

고평가된 종목을 피하자!

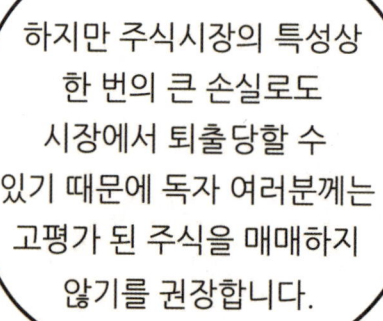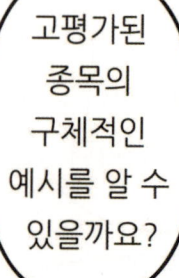

공매도에 의해서 주가가 하락하는 건가요?

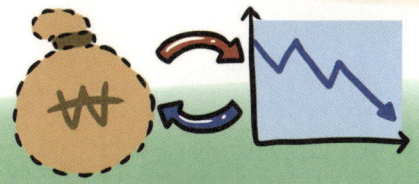

공매도에 의해서 주가가 하락하는지 혹은 하락할만한 종목이 공매도의 집중 타깃이 되는지는 전문가들의 의견도 갈리는 상황입니다.

고평가된 종목의 세 번째 특징은 동종업계의 경쟁사에 비해 PER이 높은 경우가 많다는 것입니다.

PER이 뭔가요?

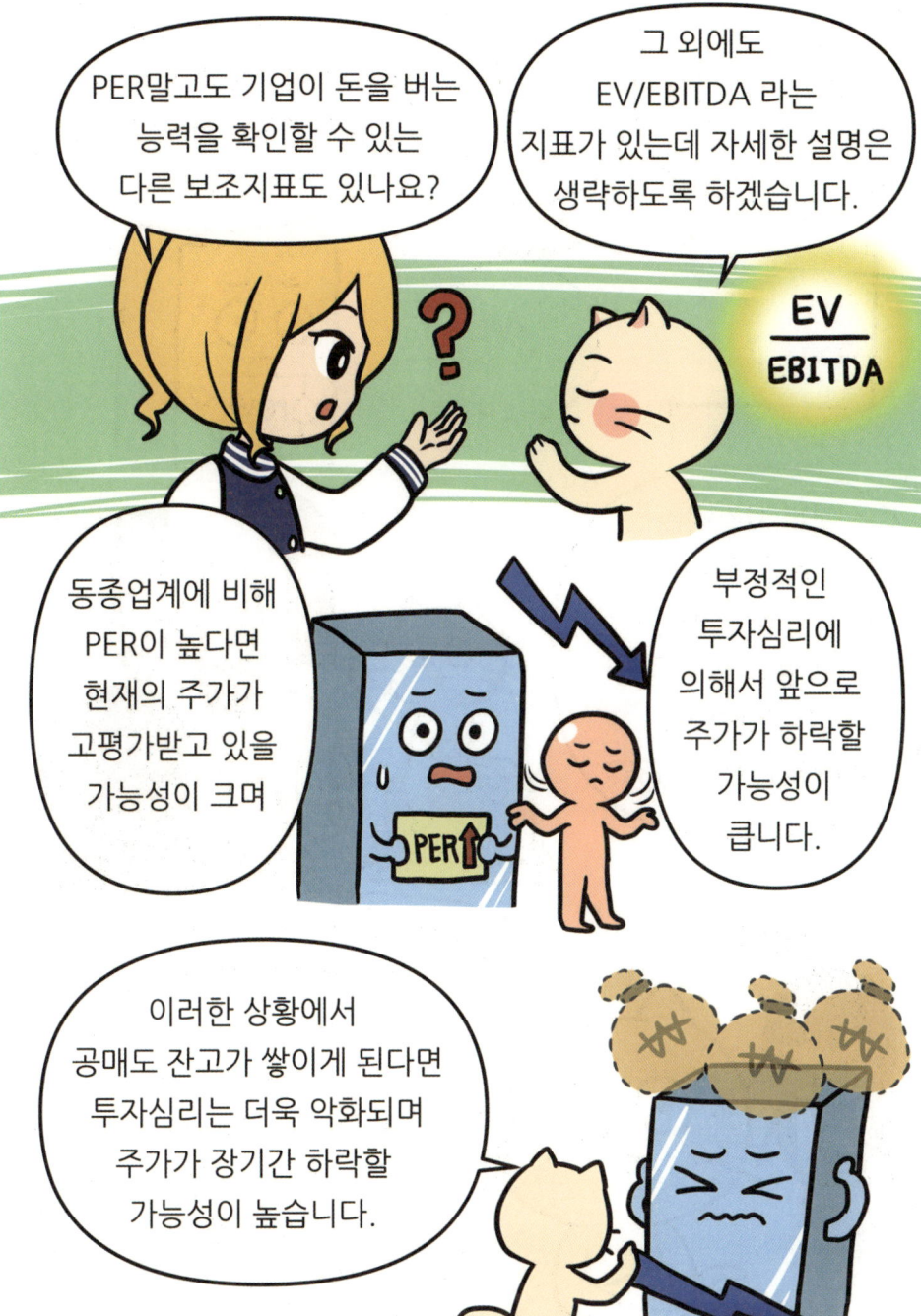

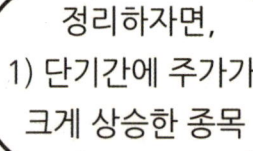
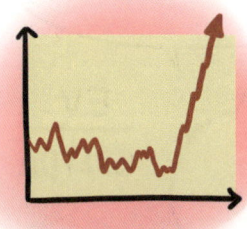

✓ CHECK POINT

이번 챕터에서는 고평가된 종목을 피하는 방법에 대해서 설명합니다. 고평가 되었다는 의미는 실제 주식의 가치보다 현재 주가가 높게 평가받고 있다는 의미입니다. 하지만 고평가를 받고 있다고 해서 주가가 단기간에 하락한다는 의미는 아닙니다. 고평가를 받고 있는 종목이 크게 급등하여 초고평가 되는 경우도 종종 있기 때문입니다.

하지만 기업의 주가는 장기적으로 그 기업의 가치에 수렴합니다. 따라서 고평가된 종목을 매수하는 것은 굉장히 위험합니다. 주식시장 특성상 한 번의 잘못된 매매로도 돌이킬 수 없는 결과를 초래할 수 있기에 독자 분들의 주의를 당부합니다.

고평가된 종목들은 대부분 바이오 기업인 경우가 많습니다. 특히 임상 성공이나 영업이익 증가와 같이 객관적인 성과가 아닌 수십 조 규모의 시장 진출, 임상순항과 같이 주관적인 표현이 들어간 기사에 나오는 기업을 주의해야 합니다.

52주를 기준으로 저점 대비 2배 이상 상승한 기업은 고평가를 받고 있거나 현재 매수하는 것이 좋은 매수타이밍이 아닐 가능성이 높습니다. 투자자들은 주식투자에서 성공하기 위해서 2배 상승한 종목을 매수하는 것이 아니라 2배 상승할 수 있는 종목을 매수해야 합니다.

고평가된 종목은 공매도의 비율이 높을 가능성이 큽니다. 공매도는 주식을 빌려 매도 주문을 내는 투자전략입니다. 공매도 주문을 내는 주체들은 회사의 주가가 현재 가치보다 지나치게 높다고 판단될 때 공매도를 실행합니다. 공매도에 대해서는 다음 책에서 게임스탑 사태와 함께 자세하게 다루도록 하겠습니다.

마지막으로 고평가된 종목은 PER이 동종업계 대비 높을 가능성이 큽니다. 하지만 테슬라와 같이 예외의 경우도 있기 때문에 주식시장에서 100% 확신을 가지는 것은 위험합니다.

확실한 것은 주식시장에서는 100% 확실한 것이 없다는 것입니다.

시간여행TV의 만화로 배우는 주식투자 1편

인쇄일 2021년 5월 31일
발행일 2021년 6월 5일

지은이 시간여행TV
그림 수레기

펴낸곳 시간여행티비 주식회사
등록 2020-000041호
주소 경기도 용인시 기흥구 동백중앙로 191
ISBN 979-11-970430-4-8

*강의 유튜브 검색창에 '시간여행TV'를 검색하세요.